Lejla Kalamujić

DENK DIR DIE STADT

1. Auflage 2022

eta Verlag | Petya Lund
Schönhauser Allee 26
10435 Berlin
www.eta-verlag.de
kontakt@eta-verlag.de

Lektorat: Anne Grunwald, Tijana Matijević
Gestaltung & Satz: Stefan Müssigbrodt
Titelillustration: makar / Shutterstock
Druck: ABAGAR, Weliko Tarnowo, Bulgarien

Gesetzt aus der Moderato (www.moire.info).
Gedruckt auf Holmen Book Cream 80 g/m².

Originaltitel: „Požuri i izmisli grad“,
Lejla Kalamujić, Štrik, 2021, Beograd
ISBN 978-3-949249-11-2

Co-funded by the
Creative Europe Programme
of the European Union

The European Commission's support for the production of this publication does not constitute an endorsement of the contents, which reflect the views only of the authors, and the Commission cannot be held responsible for any use which may be made of the information contained therein.

Lejla Kalamujić |

DENK DIR DIE STADT

Aus dem Bosnischen von
Marie Alpermann

Marie Alpermann hat Slawistik und Literaturwissenschaft in Halle (Saale) studiert, wo sie auch lebt. Sie arbeitet als Übersetzerin aus dem Bosnisch/Kroatisch/Serbischen und freie Lektorin. Ihr besonderes Interesse gilt der zeitgenössischen Literatur des jugoslawischen Raums. Sie übersetzte unter anderem Lejla Kalamujić, Senka Marić, Dragoslava Barzut, Jelena Lengold und Jasminka Petrović ins Deutsche.

INHALT

Für Naida

WAS IST DA IN UNS

Ich rufe nach ihm und weine, verloren in der Dunkelheit. Sehen kann ich ihn nicht, aber ich höre seine Stimme: „Mach dir keine Sorgen, Dina, ich finde dich."

Er war aus der Wohnung spaziert und verschwunden, plötzlich einfach weg. Mama war außer sich. Wann immer ein unbekannter männlicher Körper auf dem Obduktionstisch lag, bekam sie einen Anruf. Das Klingeln des Telefons tat weh. Sie suchte schnell ihre Sachen zusammen und eilte in die Leichenhalle. Vergebens, denn er war es nie. Jedes Mal kam sie mit geröteten Augen zurück, dann wanderte die Übelkeit von der Seele in den Magen. Sie übergab sich die ganze Nacht.

Neno war ihr zehn Jahre jüngerer Bruder. Ein empfindsamer, hübscher Junge, sie war ihm Schwester und Mutter zugleich. Auch nachdem sie geheiratet hatte, blieben sie eng verbunden. Meine frühesten Erinnerungen sind mit dem alten K.-u.-k.-Gebäude in der ulica Logavina in Sarajevo verknüpft, wo er zusammen mit Oma und Opa wohnte. Ihre kühle Wohnung mit den hohen Decken war mein zweites Zuhause. Meine Großeltern mochte ich sehr, aber die Liebe zu Neno war ganz besonderer Art. Was er für meine Mutter war, das war ich für ihn. Für nichts war er sich zu schade. Wir spielten Fangen im Innenhof, Mensch ärgere dich nicht, Monopoly oder Domino. Wir ließen uns lauter Dummheiten einfallen, mit denen wir Oma und Opa necken konnten. Er liebte den Himmel und die Physik. Manchmal zwirbelte er einen Apfelstiel zwischen seinen Fingern; der Apfel drehte sich und er erklärte mir begeistert: So dreht sich die ganze Erde. Er besaß viele Bücher und Schallplatten. In lauen, klaren Nächten standen wir auf dem

Balkon. Er zielte mit dem Finger in den Himmel und zählte auf: „Das da ist der Große Bär und hier der Kleine, dann ist dort der Kleine Löwe, und schau mal, das ist der Große Hund." Wegen dieser Nächte glaubte ich, der Himmel bestünde aus lauter Tieren.

Und dann, zack! Die Veränderung war heftig. Aus seinem Gesicht verschwand das Lächeln. Er wollte nicht mehr mit mir spielen. Schloss sich in sein Zimmer ein. Ich klopfte und bettelte immer wieder: „Mach auf, Neno, komm raus, bitte!" Er kam aber nie. Bedrückte Stimmung im Haus. Kein Mensch hatte mehr Zeit für mich. Die Erwachsenen saßen um den Esstisch und flüsterten. Ich schnappte auf, dass Neno von merkwürdigen Gedanken besessen sei, die ihm befehlen, die Stadt zu retten. Opa meinte, das sei gar nicht so verrückt, alle wüssten schließlich, wie es um unseren Staat stehe. Papa behauptete, viele Menschen würden sich mit Albträumen quälen, und in jedem Menschen lauere die Furcht. Oma nickte und betonte, was für ein sensibler Charakter Neno sei. Mama schwieg die meiste Zeit. Sein Zustand verschlechterte sich. Er wusch und rasierte sich nicht mehr. Aß immer weniger, weil er fürchtete, wir könnten ihn vergiften. Er verlor 15 Kilo in nur einem Monat. Wann sie die Entscheidung getroffen haben, weiß ich nicht, aber an einem Wochenende war er plötzlich nicht mehr da. Später erfuhr ich, dass sie ihn nach Jagomir gebracht hatten, in eine psychiatrische Klinik, wo die Patient*innen mit Elektroschocks behandelt wurden.

Mit dem Frühling kam der Krieg. Papa, Mama und ich flohen über die Brücke. Der Fluss, dieser schmerzhafte Einschnitt, blieb hinter uns. Wir zogen zu Oma und Opa. Im Fernsehen wurde berichtet, dass auch die Patient*innen aus Jagomir verjagt worden waren. Im Morgengrauen trieb man sie in die Kälte, barfuß, in dünnen Schlafanzügen. Sich aneinanderklammernd erreichten sie das Krankenhaus oben in Koševo. Dort herrschte jedoch absolutes Chaos, sämtliche Abteilungen waren voll mit Verletzten. Tagelang drückten sie sich in den engen, dunklen Gängen herum, bis die Verwaltung endlich entschied, sie in die nahegelegene verlassene Kindertagesstätte *Fröhliche Blumen* zu verlegen.

Vier Jahre später kamen der Frieden und meine Pubertät, und beide stellten gewisse Anforderungen. Mama und ich überquerten die Brücke noch einmal. Als Kriegstribut zahlten wir die Ehe meiner Eltern. Papa wanderte mit seiner zukünftigen Frau nach Kanada aus. Für Trauer gab es keinen Raum, wir hatten alle Hände voll mit der Renovierung der Wohnung zu tun. Oma und Opa schienen nur noch darauf zu warten, endlich in Ruhe sterben zu können. Zwischen ihrem und seinem Tod lagen nur drei Monate. 1996 waren wir also nur noch zu dritt. Mama unterschrieb einen Wisch, um Neno auf eigene Verantwortung aus der Klinik zu nehmen. Wahrscheinlich hoffte sie, die Rückkehr ins eigene Zimmer, das sich all die Jahre nicht verändert hatte, würde ihm guttun. Sie kümmerte sich jeden Tag um ihn. Kochte etwas, ging mit ihm spazieren, achtete darauf, dass er sich regelmäßig rasierte und wusch. Vielleicht war die Pubertät schuld, aber ich fand es schrecklich, ihn so zu sehen. Ich erfand alle möglichen Ausreden. Ging nur zu ihm, wenn Mama es aus irgendeinem Grund nicht schaffte. Sobald ich die Türklinke herunterdrückte, verkrampfte sich mein Magen. Ich fand ihn im Bett vor, mit abwesendem Blick vor sich hin murmelnd. Essen war weiter qualvoll für ihn. Er pflegte erst dann ein paar Happen zu nehmen, wenn ich vor ihm davon gekostet hatte. Meist entzog sich mir der Sinn seiner Worte, doch das hier habe ich mir gemerkt:

> Was sind wir gelaufen, Dina, und meine Knie haben gezittert vom Strom. Wir waren auf der Flucht, aber ich musste so dringend kacken. Hatte tagelang Durchfall. Ich hock mich also unter einen Baum, da erwischt mich ein Regentropfen. Hier, genau hier ist er hingetropft. (*Er deutete auf die Stelle an seinem Scheitel.*) Ich heb den Kopf, und da ist keine Wolke, da sitzt ein Mensch zwischen den Ästen. Sein T-Shirt prall gefüllt mit unreifen Äpfeln. Sitzt da, und die Tränen schießen nur so aus ihm raus. War mir voll unangenehm, aber ich konnte trotzdem nicht aufhören. Der Typ weint und ich bin am Scheißen. Ich hör ihn flüstern: „Leute, das ist der Krieg." Dann nimmt er einen Apfel und schleudert ihn mit voller Kraft von sich. Na, Dina, hat mit einem Apfel nicht alles angefangen? (*Er lachte.*) Aus mir läuft und läuft es, total flüssig, brennen tut das – und plötzlich hör ich ein Brüllen. Bin mächtig erschrocken. Ich schau mich um, und da, ey, das ist unbeschreiblich, Dina … (*Seine Stimme fing an zu zittern, ich nahm seine Hand.*) In diesen Käfigen, alles tot. Fliegen schwirren herum, Würmer zerfressen die Tiere. Nur ein einziger Bär ist noch am Leben, aber besser wär's, wenn nicht. Der hat keine 30 Kilo mehr gewogen. Will mit seiner Tatze den Apfel erreichen, schaffts aber nicht. Seine Augen leer, alle Sterne darin gestorben. (*Der Rotz lief ihm über Mund und Kinn, so sehr weinte er.*) Meine Leute haben gerufen, komm, wir gehn jetzt, länger können wir nicht auf dich warten. Was hätt ich machen sollen, zieh schnell

meinen Pyjama hoch und ihnen hinterher. Später hab ich oft darüber nachgedacht. Dieser Tropfen, das musst du mir glauben, Dina, das war die letzte Träne Gottes, die da auf meinen Scheitel getropft ist.

Die Anrufe der Gerichtssachverständigen wurden seltener. Wir fanden uns damit ab, dass er nicht mehr da war, es war ein niederschmetterndes Gefühl. Mama versank in Schuldgefühlen. Sie wurde grob gegen mich, gab mir ständig Aufgaben zu erledigen. Das kleinste bisschen Faulenzen machte sie wütend. Sie platzte dauernd in mein Zimmer, schob die Vorhänge beiseite und schubste mich aus dem Bett. In Wahrheit schubste sie mich von sich weg. Ich hatte die Schnauze voll: von dieser verstümmelten Familie, von der Vergangenheit, von einer Stadt, die ihre Menschen auffrisst. Ich wollte mehr für mich sein, deshalb musste ich weg. Bis auf Kanada kam alles in Frage. Ich bewarb mich einfach überall, wo ich eine Chance hatte. Ein Stipendium für ein postgraduales Studium in Graz klappte schließlich. Später führte mich eine Stelle nach Wien. Und so immer weiter, bis ich eines Tages aus dem Fenster meines Büros blickte und mir klar wurde, dass seit meiner Ankunft in Österreich ganze zehn Jahre vergangen waren. Das Leben rast mit tödlichem Tempo, aber ich beklage mich nicht. Mamas Angst, mir könnte das Gleiche wie Neno passieren, wenn ich mich kurz entspanne und innehalte, ist nun auch auf mich übergegangen. Ich stelle mir etwas Schreckliches vor, das plötzlich auftaucht und dich verschlingt. Meine Arbeit zahlt sich aus, in der Firma habe ich einen beachtlichen Aufstieg hingelegt. Zum 25. Jahrestag der Belagerung Sarajevos war ich bereits Produktionsleiterin. Die Medien waren voller

Erinnerungen. Einer meiner Angestellten, der damals gerade erst geboren worden war, schickte mir per Chat einen YouTube-Link, dazu einen Smiley mit einer blauen Träne unter dem Auge. Ich weiß nicht, was mich geritten hat, auf diesen Link zu klicken.

Ich erkenne den Freizeitpark *Tal der Pioniere*, den Zoo, der zu Beginn des Krieges auf der Demarkationslinie lag. Schüsse hallen wider, ein Kameramann zoomt außer Atem auf tote Tiere in Käfigen. Dann schwenkt die Kamera auf einen Mann, der sich als Tierwärter vorstellt. Der Mann wendet sich verzweifelt an die Menschen im Ausland und bittet sie, etwas zu unternehmen. Alles um ihn ist tot, bis auf einen einzelnen Braunbären, der niemanden an sich heranlässt. Als die Schüsse kurz aufhören, wirft der Wärter ihm von Weitem ein paar unreife Äpfel zu.

Fast wäre ich vom Stuhl gekippt. Keine Ahnung, wo auf einmal diese Aufnahme herkam. Ich war mir sicher, sie nie zuvor gesehen zu haben. Da begann ich in meinen Träumen nach Neno zu rufen.

Mir wurde klar, dass in meinem Leben der Spaß fehlte. Nach wie vor verließ ich die Arbeit als Letzte. Löschte das Licht, stellte die Alarmanlage an, und rannte in letzter Minute noch schnell in einen Supermarkt. Mit einer Tüte Fertiggerichte setzte ich mich in die U-Bahn und fuhr zehn Stationen. Ständig sah ich auf die Uhr. In der Wohnung hielt ich mich meist nur kurz auf. Aß auf die Schnelle etwas und duschte mich. Ich zog das Erste an, was ich im Schrank fand, und verließ die Wohnung wieder.

Ein paar Monate lang habe ich wohl jede Party ausgecheckt. Dann kam dieser Freitag, an dem in einem mir unbekannten Bezirk eine große Party stattfinden sollte. Ich musste mich mit Hilfe von Google Maps zurechtfinden, und als ich endlich ankam, war der Laden brechend voll. Ich setzte mich an die Bar und bestellte was zu trinken. Keine meiner Freund*innen hatte Zeit gehabt mitzukommen, aber das war auch nicht wichtig. Ich ging nicht aus, um mich zu unterhalten, ich ging aus, um zu tanzen, und so auch an diesem Abend. Auf der Tanzfläche verschmolz ich mit fremden warmen, feuchten Körpern. Mich überkam das fantastische Gefühl, mit einem schöneren und bedeutsameren Leben als dem meinen zu verschmelzen. Immer wieder hob ich die Arme und drehte mich lange im Kreis. Ich war glücklich. Doch der menschliche Körper ist kein Planet, irgendwann muss er innehalten. Als hätte jemand den Stöpsel gezogen, entwich plötzlich sämtliche Energie aus mir. Ich konnte mich kaum noch auf den Beinen halten. Mir brach der kalte Schweiß aus, Übelkeit stieg vom Magen auf. Ich ging über den Hinterausgang ins Freie, hockte mich neben eine Mülltonne und übergab mich.

Die Straße war ein langer, öder Strich. Ich suchte in den Hosentaschen nach meinem Handy, dann fiel mir ein, dass es noch in meiner Tasche an der Bar liegen musste. Kehrtmachen wollte ich nicht, ich war schon ein gutes Stück entfernt. Straßenlaternen erhellten die Nacht, doch ich erkannte nichts wieder. Beim Gehen hatte ich das Gefühl, die Zeit würde unter meinen Füßen schmelzen. Ihn konnte ich auch spüren. Ich wusste, der Moment war gekommen, jener Moment, in dem wir aufeinander zugingen. Erst sah ich nur eine winkende Hand, dann sprang mir seine ganze Gestalt aus dem Dunkeln entgegen. Neben ihm liefen ein Mann und zwei Frauen. Vor Freude machte er Luftsprünge, während ich auf ihn zu rannte. Wir umarmten uns und weinten. Ich wollte ihm so viel erzählen (von Mama, Wien, der Aufnahme, die ich gesehen hatte ...), doch meine Stimme war tränenerstickt. Mein alter Neno. Er streichelte meine Wangen und nickte, als wollte er mir sagen, er wisse alles. Die anderen stießen zu uns – ich stand zwischen ihnen wie zwischen vier Himmelsrichtungen. Als ich mich ein wenig gefasst hatte, konnte ich nicht anders, als sie zu fragen:

„Was ist da in uns?"

Sie blickten sich an. Neno legte seinen Finger auf meine Lippen und sagte:

„Hörst du's nicht, Dina?"

Und tatsächlich, irgendwo plätscherte ein Fluss. Mein Blick fiel auf unsere Füße, wir waren alle barfuß. Die Stadt hatten wir zwar nicht gerettet, doch es gab keinen Zweifel, da unten floss die Miljacka.

MOZART GEGEN MOZART

Um viertel vor neun kreuzen wir am Eingang auf, Verspätung ist nicht. Wir drehen uns eine Zigarette, reden ein bisschen über Wetten und die politische Lage. Eine Minute vor neun, immer diese eine Minute früher, kommt unsere Sekretärin auf dem Fahrrad um die Ecke. Sie schließt die Tür auf, wir folgen ihr schweigend den Flur entlang. In der Garderobe steigen wir aus unseren ausgelatschten Schuhen, ziehen T-Shirts und Hosen aus. Im Spind erwarten uns frisch gebügelte Kleidung, saubere Mäntel, golddurchwirkte Westen und Perücken. Wir schließen alle Hemdknöpfe sorgfältig, stellen den Spitzenkragen hübsch auf. Wir – Serben, Albaner, Mazedonier und Bosnier – werden zu Österreichern. Wir – die Mitarbeiter der Firma, die Tickets für klassische Konzerte verkauft – werden zu *Le grand Amadé, Der große Mozart*! In einem Kleinbus fahren wir Richtung Zentrum. Unsere Blicke mischen sich mit dem schlafverklebten Gesicht der Stadt. Wir betreten den Platz just in dem Moment, als die Glocken der Kathedrale donnernd zu läuten beginnen. Ob groß, ob klein, ob hager, ob rundlich, wie Glasmurmeln rollen wir über den frisch abgespritzten Asphalt. Wir strecken unsere Rücken, wir setzen unsere Lächeln auf und warten auf die Touris, ganz wie es sich gehört für eine Stadt, die zur lebenswertesten Stadt der Welt gekürt wurde.

Noch ein paar Worte zu uns: Das buckelige Schicksal hat uns hierhergeführt. Unsere Liebsten haben wir zurückgelassen, unsere Erinnerungen mitgenommen. Wir sind hergekommen, damit es uns und ihnen besser geht. Wir arbeiten auf Provision, das heißt: viel Arbeit, wenig Geld. Aber wir beklagen uns nicht. Unsere berühmten Perücken locken die Touristen an. Die engen Hosen betonen unsere strammen Waden. Kärntner Straße, Operngasse, Philharmoniker Straße, das sind unsere Orte, wir dringen vorsichtig in sie vor wie in das Innere einer schüchternen Geliebten. Oft ist es windig. Der Wind rüttelt und schüttelt die Ampeln, weht unsere Mäntel auf, von Weitem betrachtet flattern sie wie blutige Fahnen.

Das Spiel nennt sich *Mozart gegen Mozart* und dabei gibt es nichts zu lachen. Wir stehen nebeneinander, arbeiten aber gegeneinander. Wir würgen unsere Muttersprachen hinunter, damit die deutschen, französischen und englischen Phrasen im Mund Platz haben. Unser Ziel ist jedenfalls, möglichst viele Karten zu verkaufen. Das Leben ist teuer, die Miete hoch, selbst in unserem abgelegenen Bezirk, den die Österreicher nur ungern betreten. Das Gesparte schicken wir runter: der Familie, den Lieben, den Freundinnen und Freunden, je nach dem.

Auf dem Stephansplatz spricht der Stadtführer – ein leicht überheblicher Typ – über die Zeit, als Mozart durch diese Straßen lief. Mozart, der schon als kleiner Junge in englischen, französischen und italienischen Höfen verkehrte. Vater Leopold verband ihm die Augen und bedeckte die winzigen Fingerchen mit einem Tuch. Doch dieses Wunder von einem Kind spielte mit einer solchen Leichtigkeit, dass es gewaltige Seufzer hervorrief. Auch unser *Lieber Vati*, Besitzer mehrerer Firmen, zahlreicher Immobilien und Aktien, kennt allerhand Tricks. Für seinen Geldbeutel spielen wir alles, was er sagt. Wir schärfen unsere Zungen, Lächeln und Blicke, wir öffnen dicke Kataloge und zaubern Tages-, Wochen- und Monatsprogramme hervor. Wir haben erstklassige Opern, Klavierkonzerte und Sonaten im Angebot. Wir bieten erstklassigen

Genuss in grandiosen Sälen. Wir lassen die Touris auf unsere Perücken starren, unsere Mäntel befingern, mit dem Fingernagel über den golddurchwirkten Stoff kratzen. Niemals schlagen wir ihre Bitte ab, zum Andenken ein Selfie mit Mozart zu machen.

Unsere Beine schwellen an, Blasen platzen, die Lymphflüssigkeit wird von den Socken aufgesaugt. In unseren gekrümmten Fingern lagert sich die offenkundige Ungerechtigkeit ab. Wir gehen grüppchenweisen in die Pause. Im Schatten der mächtigen Albertina stopfen wir Döner, Würstchen und Falafel in uns hinein. Spülen mit Cola und Espresso nach. Über unsere Träume unterhalten wir uns nicht, obwohl wir wissen, dass wir alle von dieser Stimme träumen, die sagt, man habe uns unsere Toten geschickt. Schwäne und Enten schlafen, die Donau ruht. Wir kauern am dunklen Ufer, unsere Augen jucken vom Warten. Und gerade, wenn wir denken, die Stimme hätte uns angelogen, tauchen in der Ferne ein paar Gondeln auf. Leise teilen sie das Wasser und bringen uns die Holzsärge.

Die halbe Stunde ist schnell vorbei. Und wieder addieren und subtrahieren wir, geben uns Mühe, das Kosten-Nutzen-Verhältnis auszutarieren.

Ja, die Dame?

Und Sie, mein Herr?

Mögen Sie etwa keine klassische Musik? Ja, gibts denn so was?!

Das dürfen Sie sich nicht entgehen lassen.

Bitteschön, schauen Sie ruhig.

Treten Sie näher, treten Sie nur näher.

Gute Gelegenheiten locken wir auf die Seite. Wir tätscheln ihnen freundschaftlich die Schulter und versprechen: Bei mir bekommen Sie die Karten am billigsten. Wenn es regnet, ist alles ruiniert. Die Touristen stieben auseinander, eisig rasselt es die Regenrohre hinab, Pfützen bilden sich. Auch wir suchen einen Unterschlupf, drücken uns an Hauswände. Müssen an den Regen denken, der am Tag von Mozarts Beerdigung fiel. Der Stadtführer erzählt jedes Mal, wie sechs Leute mit ganzer Kraft den Holzkarren geschoben haben. Wie Räder und Schuhe in der aufgeweichten Erde stecken blieben. Aus Angst, der Tod werde auch sie holen, verfluchten sie das Wetter und den Friedhof. Bis zu dem Bereich mit den namenlosen Gräbern mussten sie schieben. Die Totengräber halfen ihnen, die Last vom Karren zu heben und abzuladen. Applaus und Musik gab es jedenfalls nicht. Letzten Endes bleibt nur Schlamm übrig.

Die Beleuchtung der Staatsoper geht an. Eine vornehme Gesellschaft trifft ein. Die Fahrer öffnen die Türen, das Opernpersonal macht tiefe Verbeugungen. Unser Spiel ist aus, der Kleinbus erwartet uns an der gleichen Stelle. In der Umkleide schmeißen wir unsere verschwitzten Uniformen in den Wäschekorb. Wir ziehen unsere billigen Jeans und T-Shirts an, steigen in die ausgelatschten Schuhe. Die Sekretärin schließt hinter uns ab. Wir heben die Hand zum Gruß und gehen hinunter zur U-Bahn. Die Müdigkeit vernebelt unsere Blicke. Wir schleppen uns durch die Straßen unseres berüchtigten Bezirks. Steigen langsam die schmalen Stiegen hinauf. Denken an unsere Lieben, was sie wohl machen, wie es ihnen geht. Außer Atem schieben wir den Schlüssel ins Schloss und betreten unser zukünftiges Grab.

ADOS SCHWARM

Ich bin nur in das Herz eines lieben Menschen eingebrochen. Ich habe ihm gesagt: mein Sonnenschein. Und das war er.

Alfred Döblin, *Berlin Alexanderplatz*

Die Nachricht des Tages: „Billigflieger kollidiert mit Vogelschwarm über dem Flughafen Sarajevo“. Unmittelbar nach dem Öffnen der Klappen war ein lauter Knall zu hören. Das Flugzeug stürzte abrupt nach unten. Die Passagiere gerieten in Panik, einige schrien auf, andere fingen an zu beten. Steward und Stewardess reagierten zum Glück schnell. Sie erklärten den Fluggästen, das Ereignis sei zwar nicht alltäglich, aber trotzdem völlig harmlos. Es gelang ihnen, sie zu beruhigen. Die Maschine landete ohne Probleme, der Flugverkehr wurde ungestört fortgesetzt.

Im zweiten Stockwerk der Polizeistation brennt Licht. Ado und ein Inspektor sitzen im Verhörzimmer. Auf dem Tisch steht ein Aschenbecher.

„Jetzt red endlich, dann lass ich dich eine rauchen“, sagt der Inspektor.

„Ich rauche nicht.“

„Schade.“

„Wie spät ist es?“

„Red endlich, dann sag ichs dir.“

„Meine Mutter ist allein.“

„Schade.“

Der Inspektor verliert die Geduld und schlägt mit der Faust auf den Tisch.

„Ich hab nicht die ganze Nacht Zeit!"

***

Sein voller Name ist Admir, aber er wird von allen Ado genannt. Er gilt als höflicher, nicht besonders redseliger Kerl. Arbeitet im Einkaufszentrum in Ilidža in der Backwarenabteilung. Wohnt in der Nähe, bei seiner Mutter. Sein alltäglicher Radius umfasst nur ein paar Schritte, aber seine Seele, die wandert umher. Oft führt sie ihn in den gleichen Traum:

> Er trägt seine Mutter huckepack. Wohin sie gehen, weiß er nicht, er weiß bloß, dass er nicht stehen bleiben darf. Der Weg ist steinig und verschlungen. Unter der schweren Last kommt er kaum voran. Seine Mutter sagt ihm alle paar Meter ins Ohr: „Hätt ich dich nicht geboren, ach, was hätt ich für ein Leben gehabt."

Manchmal fragt er sich, ob das Leben hätte anders verlaufen können. Zum Beispiel, wenn sein Vater nicht fortgegangen wäre. Das muss lange her sein, er erinnert sich nicht, und seine Mutter wollte nie darüber sprechen. Vielleicht war ihm deshalb nie in den Sinn gekommen, wegzugehen. Fortgehen heißt Sterben, du kommst nicht mehr zurück. Bald ist sein 37. Geburtstag. Die Mutter hatte vor vier Jahren einen Schlaganfall und kommt seither nicht auf die Beine. Sein Job ist anstrengend und unterbezahlt, doch wer hat heute noch die Wahl. Hinter der Theke lernte er viele Menschen kennen.

Die Gesichter konnte er sich immer gut merken, die Namen weniger gut. Als er Mirza zum ersten Mal sah, merkte er sich beides. Für gewöhnlich kam der kurz vor Ende der zweiten Schicht, um Hörnchen zu holen. Er mochte die Fünfkorn- und die Maishörnchen. Von Beruf war er arbeitsloser Biologe. Aus Liebhaberei hielt er Tauben. Er sagte, er besitze den besten Budapester Hochflieger der Stadt. Ado begann, das alte Brot beiseitezulegen. Sobald er Mirza sah, reichte er ihm eine Tüte über die Theke und rief: „Für die Vögel!" Mirza lud ihn zu sich ein, um den Schwarm anzusehen, den er da fütterte.

Es braucht nicht viel, damit das Leben schöner wird. Ado genügte es, dass Mirza auf ihn wartete. Es funkte vom ersten Moment an. Je nach Schicht ging er vor oder nach der Arbeit zu ihm. Sie fütterten die Tauben und ließen sie raus, verfolgten ihren Flug, fürchteten Falken und tiefhängende Wolken. Es traf sich gut, dass Mirza gerade dieses Jahr ins landesweite Sommerlager zur Beringung von Vögeln fahren würde. Er schlug vor, gemeinsam nach Hutovo blato zu fahren. Ado vergaß plötzlich all das Schlechte, was er mit Reisen verband. Das einzige Problem war seine Mutter. Aber wenn es einmal läuft, dann läuft es richtig. Die Nachbarin bot sich an, einzuspringen, und da er sich noch nie hatte krankschreiben lassen, bekam er problemlos drei Tage frei.

Das Sumpfgebiet wirkte magisch. Und dann erst das Lagerfeuer, und wie sie zu den Netzen voller Vögel rannten. Es gibt Orte, von denen aus die ganze Welt glücklicher aussieht. Einzige Kehrseite vom Glück: Es beschleunigt die Zeit. Die drei Tage verstrichen im Nu, wobei das Beste in der Nacht vor der

Rückreise passierte. Die beiden Männer blieben allein draußen am glimmenden Feuer. Sie rauchten einen Joint und lauschten den Zwergohreulen. Ohne Vorwarnung rückte Mirza näher an Ado heran und küsste ihn auf den Mund. Es war Ados erster Kuss überhaupt. Unter anderen Umständen wäre er bestimmt erstarrt vor Angst, aber die Natur, der Joint und das Feuer bewirkten, dass er sich mit Leichtigkeit auf den Kuss einließ. Vor ihm eröffnete sich das Leben, nach dem er sich immer gesehnt, von dem er aber nie offen zu träumen gewagt hatte. Sie holten Luft, zogen beide noch einmal am Joint und übertönten die kleinen Eulen mit ihrem Lachen. Das Glück floss weiter, von einem Monat zum nächsten. Schauplatz war das Dachgeschoss im Haus von Mirzas Familie. Nur mussten sie dort ganz leise sein. Halb flüsternd reihten sie Küsse, Orgasmen, Necken und Umarmungen aneinander. Für Ado musste Glück nicht laut sein, ihm genügte, dass es da war.

Dann kam der Winter und mit ihm dickere Kleidung. Mirza wurde mürrisch. Ado war verunsichert: Hatte er was Falsches gesagt, getan? Es machte ihn verrückt, dass der andere stundenlang schweigend im Bett herumlag. Er flehte ihn an, es ihm zu sagen, was auch immer es war. Am dritten November, sieben Tage vor Ados Geburtstag, brach Mirza in Tränen aus:

„Ich kann das nicht mehr."

Er hatte keine Arbeit. Hatte die Nase voll vom ständigen Versteckspiel, von den Sorgen, der Angst. Woanders könnte alles viel besser sein, für sie beide. Sagen wir in Berlin, dort hatte er Freund*innen. Sie würden ihnen helfen, sich zurechtzufinden. Könnten ihnen unter der Hand Jobs verschaffen, erst mal für den Anfang, und dann, wer weiß. Ado lehnte sich an

Mirzas Brust, schloss die Augen und hörte zu. Worte mischten sich mit Herzschlägen. Vielleicht ergab gerade deswegen die ganze Geschichte von der gemeinsamen Zukunft einen Sinn. Und sie war schön, so schön.

***

Ado biss sich nervös auf die Lippen und wählte die Nummer. Der Frau, die sich meldete, erklärte er alles bis ins kleinste Detail. Er sagte, er habe die Nachricht im Internet gelesen. Die Tauben seien heute Morgen ausgeflogen und nicht zurückgekehrt, und der Himmel sei leer. Sein Schwarm sei registriert, jede Taube habe einen Ring am Fuß. Wenn nötig, könne er gleich die Seriennummern diktieren. Die Mitarbeiterin war verwirrt von der Fülle an Informationen und von seiner Nervosität. Sie bat ihn, in 15 Minuten erneut anzurufen. Jede Minute war wie ein Jahr. Er brachte seiner Mutter die Medikamente und Wasser. Dann gab er zwei Kellen Bohneneintopf auf einen Teller, schnitt Brot, öffnete ein Glas saure Gurken und stellte alles auf einem Tablett auf den Nachttisch. Er ging hinaus auf den Hof und blickte in den Himmel. Etwas Grausames lag in diesem Sommer. Beim zweiten Telefonat wurde ihm gesagt, dass es wahrscheinlich seine Tauben seien, er aber nicht zu ihnen könne. Auf seine Frage „warum" sagte die Frau, das verstoße gegen die Gesetze, ein solches Betreten der Landebahn werde als illegaler Grenzübertritt angesehen.

Er wusste später selbst nicht, wie er die zweite Schicht überstanden hatte. Seine Gedanken kreisten um den Tag, als Mirza fortgegangen war. Normalerweise dachte er nicht gern an ihre Trennung, sie weckte nach wie vor gemischte Gefühle in ihm. Beim Aufwachen war er manchmal fuchsteufelswild. Er fühlte sich schrecklich verraten. Vor Mirza war sein Leben leer gewesen, aber Leere kann dich nicht enttäuschen. Dann war Mirza aufgetaucht, hatte das Glück gebracht und ihm wieder genommen. Ihn zerbrochen zurückgelassen. Auf der anderen Seite war Ado ja nicht dumm, Mirza hatte gute Gründe gehabt. Und er hatte ihm vorgeschlagen mitzukommen. Es war nicht seine Schuld, dass Ado bei seiner Mutter bleiben musste. Schließlich hinterließ er ihm den Vogelschwarm. Er wusste, dass sich keiner besser um ihn kümmern würde als Ado. Es war eben gekommen, wie es gekommen war. Mirza ging fort, und Ado baute auf seiner Garage einen Taubenschlag.

Um elf beendete er seine Schicht. Die Straßen waren ziemlich leer. Er näherte sich der Landebahn von der Seite und sprang über den Zaun. Dann schaltete er die Taschenlampe seines Handys ein und zog eine Tüte hervor. Die steifen Vögel lagen im Gras, bei den meisten zeigten die Beinchen in Richtung Himmel. Er hatte gerade ein Dutzend in der Tüte verstauen können, als er eine Stimme hörte:

„Hallo! Was machst du da?“

***

Es war fast drei Uhr morgens, als der Inspektor nach Hause kam. Langsam öffnete er die Zimmertür, um nach seiner schlafenden Frau und den Kindern zu schauen. Er zog sich um, nahm ein Bier aus dem Kühlschrank und setzte sich an den Esstisch. Er war überzeugt gewesen, dass ihn nach 15 Dienstjahren nichts mehr überraschen könne, bis dieser Kerl aufgetaucht war. Stundenlang hatte er sich mit ihm herumgeplagt, um etwas aus ihm herauszubekommen, hatte ihn angeschrien, ihm gedroht, doch ohne Erfolg. Dass er nichts gegen ihn in der Hand hatte, um ihn festzunehmen, wusste er. Letztlich war das auch gar nicht sein Ziel gewesen. Er hatte nur diese absurde Ordnungswidrigkeit begreifen wollen. Seine letzte Frage lautete:

„Was zur Hölle willst du mit den toten Vögeln?"

Tatsächlich hatte Ado den ganzen Abend stoisch über sich ergehen lassen. Ihm war endlich klar geworden, dass das Leben nicht auf hundert Weisen verlaufen kann. Seins war eben so, wie es war, und er wollte einfach nur nach Hause.

„Auch wenn sie tot sind, sind sie meine", sagte er und stand auf.

DÄMMERUNG

Ich erinnere mich an das von Tau benetzte Gras im Garten. Aus meinem Mund drang Lachen, weil die feinen Halme meine Fußsohlen kitzelten. Das Lachen sehe ich noch vor mir, wie auf einem Bildschirm, aber ich höre es nicht. Auch an den alten Hühnerstall, gezimmert aus Brettern und Drähten, kann ich mich erinnern. Sieben Legehennen und ein Hahn. Eines Morgens sagte Mama, dass Papa ihn schlachten wolle. Es schnürte mir die Kehle zu, meine Augen füllten sich mit Tränen. Ich rannte in den Schuppen, wo Papa gerade Holz hackte.

Papa,
wenn du den Hahn schlachtest,
wird es dann,
wird es dann je wieder Tag?

Die Falten in seinem Gesicht waren schweißüberzogen. Er atmete schwer und blinzelte müde. Stellte ein Stück Holz hochkant, holte zum Schlag aus und sagte:

Der kann nicht mehr,
der ist alt,
verbraucht.

Da rollte der Kopf vom Hahn, im Hauklotz versickerte sein Blut.

Die Zeit verging, die Sache geriet in Vergessenheit. Meine Füße wuchsen, die Brüste juckten. Mein ganzer Körper duftete so schön. Dann kamen sie und belagerten über Nacht das Dorf. Wir konnten weder raus noch rein. Menschenköpfe rollten. Vaters auf der Türschwelle unseres Hauses. Stiefel stürmten herein. Sechs Hände packten mich, klemmten mich ein wie eine Zange. Mutter schrie, als sie mich in den Lastwagen stießen. Dann zündeten sie das Haus an und sie verbrannte darin.

Dort, wo sie mich hinbringen, riecht es modrig. Meine Finger sind vor Kälte blau angelaufen. Ich habe Angst, doch ich darf keinen Mucks von mir geben. Ich beiße mir in den Oberarm. Einer lacht höhnisch, dann hält er mir ein Messer an die Kehle.

Versuch nur zu schreien,
komm schon,
ich zerschneid dir die Zunge in kleine Stücke.

Ich kneife die Augen zusammen und halte meine Tränen zurück. Mein Herz klopft, und ich denke mir:

Das kann doch nicht sein,
jemand muss mir helfen,
die Leute lassen das doch nicht zu?!

Niemand kommt, also frage ich mich:

Wo sind die Menschen hin?

Mutter pflegte zu sagen, schlimmer als schlimm geht immer. Und tatsächlich: Uns ist das Schlimmstmögliche passiert, und niemand hat es geahnt. Wobei, die Bienen vielleicht, zwei

Tage vorher sind sie davongeflogen und nicht zurückgekehrt. Ich liege stumm auf dem Boden, meine Haut will zerspringen. Ein Glück, dass meine Mutter nie erfuhr:

Auch das Schlimmste geht noch schlimmer,
schlimmer als das Schlimmste ist das Warten.

Ich war sogar erleichtert, wenn ich sie herunterkommen hörte. Dann wusste ich, jetzt gleich, und dann ist es vorbei. Nicht nur einmal, nicht nur zweimal, nicht nur sechsmal. Ich habe nicht gezählt, wenn ich gezählt hätte, wäre ich verrückt geworden. Sobald der Stiefel gegen die Tür trat, schloss ich schnell die Augen. Der Schlimmste von ihnen erlaubte mir das nicht. Mit den Fäusten schlug er auf mich ein, auf meinen Körper und meinen Kopf.

Schau mich an, du kleines Drecksstück,
schau gefälligst her,
zischte er.
Mir blieb nichts anderes übrig, ich musste,
ich öffnete die Augen und Gott fiel ins Dunkel.

Sie sagten, sie hätten mich verbraucht. Sie tauschten mich aus. Völlig ausgehöhlt kam ich im Aufnahmezentrum an. Erst betüddelten mich alle, brachten mir dies, brachten mir jenes, reichten mir dies, reichten mir jenes, dann musste ich zur Untersuchung.

Zu spät,
sagte der Arzt.

Sie verstummen, wenden ihren Blick ab. Ich kann nicht aus meinem Körper heraus, also irre ich darin umher. Weiß nicht, wann Tag und wann Nacht ist. Aber ich weiß:

Es gibt noch etwas Schlimmeres als Warten,
Hass ist das Schlimmste überhaupt.

Alles Lüge, wenn Leute behaupten, sie würden nichts und niemanden hassen, sie wären gar nicht dazu imstande. Jedes menschliche Wesen ist fähig zu hassen. Ich hasste mit jedem Atemzug, jedem Blinzeln. Während all der Monate legte ich kein einziges Mal meine Hand auf den Bauch.

Es tat mehr weh als hundert Fausthiebe. Ich presste die Schenkel zusammen, damit es tot geboren wird, damit die Nacht zur Nacht wird. Die Krankenschwestern rissen meine Beine auseinander, der Arzt schrie:

Lass endlich los!
Du musst!
Willst du dich umbringen?

Ein Schrei gleitet meine Beine hinab. Das Weinen riecht nach Blutgerinnseln. Der Arzt redet beruhigend auf mich ein, geschafft, jetzt hast du's geschafft. Holzschuhe klappern hin und her, eine Schwester fragt, ob ich es sehen möchte. Ich drehe mich weg und falle ins Dunkel.

Ein Traum,
ein ruhiger Traum.

Ich allein, dort, wo unser Haus stand.
Es wächst kein Gras.
Meine Füße – in der Erde vergraben, ich kann keinen Schritt machen.
Kerzengerade stehe ich unter dem Himmel.
Regen fällt, aber umgekehrt,
von der Erde in die Wolken.
So verkehrt herum klingt er anders,
als stöhnte jeder Tropfen, der zum Himmel aufsteigt.

Ich schlafe, wache wieder auf, schlafe, immer im Kreis, so wie die Erde kreist. Mein Mund ist trocken, der Rachen brennt. Ich rufe und bitte um Wasser, aber da ist niemand. Nur Weinen ist durch die Gänge zu hören. Mit Mühe stehe ich auf, beim Gehen wird mir schwindelig. Ich weiß nicht, wo alle hin sind. Das Weinen sickert in die Wände. Ich bleibe vor jenem Zimmer stehen. Warum, weiß ich nicht, aber ich betrete das Zimmer mit dem Kinderbett. Da liegt das Krümelchen, sein Kopf nicht größer als eine Orange. Sieht mich und hört auf zu weinen. Ich nehme es, schäle es aus der Windel, ein Mädchen. Es zerreißt mich, denn ich weiß, was mir passiert ist, das kann alles auch ihr geschehen. Was bleibt:

Traurigkeit, nur Traurigkeit, sonst nichts.

Ich nehme sie in den Arm und öffne das Fenster, lasse ein wenig Luft herein. Nicht lange her, da rollte der Kopf vom Hahn, und nun kommt die Sonne doch wieder heraus.

An diesem Morgen stillte ich sie zum ersten Mal.

EIGENTLICH

sollte ich an diesem Tisch sitzen;
sollte sie mich verliebt ansehen, während sie unwillkürlich
über ihre Augenbrauen streicht;
sollten wir Espresso trinken und uns einen Cheesecake teilen;
sollte sie weiter meine Iris sein, und ich ihr Fässchen: unsere
Nicknamen im beliebten lokalen Internetforum, wo wir
uns kennenlernten;
sollten wir uns gemeinsam an die Zeiten der Einwahl-Verbin-
dungen zurückerinnern;
Tränen sprühen vor Lachen beim Gedanken an unsere Eltern,
wie wütend sie waren wegen der ständig besetzten Tele-
fonleitung;
eigentlich sollte ich sie auch jetzt mit Küssen wecken können;
sollte sie mich so fest umarmen, als umarmte sie die ganze
Welt;
hätte ich nicht neidisch sein sollen, weil sie Eltern hat, die
sich nicht an unserer Beziehung stören;
hätte ich zugeben sollen, dass meine nicht mal ansatzweise so
sind;
eigentlich hätte jene Nacht nie passieren dürfen;
eigentlich hätte ich auf sie hören sollen, dass nach dem Kino
besser jede zu sich geht;
nicht darauf beharren sollen, noch kurz in den Park zu gehen,
bevor wir uns verabschieden;
sofort erkennen sollen, dass die Typen nichts Gutes im Sinn
haben;
fest ihre Hand halten und mit ihr zusammen wegrennen
sollen;

alles tun sollen, um sie vor ihnen zu beschützen;
eigentlich hätte mein Schrei sie vertreiben sollen, nicht der
der Frau, die zufällig mit ihrem Hund vorbeikam;
hätte ich nicht versprechen sollen, eine Aussage zu machen,
um mich dann herauszureden und davor zu drücken;
hätte ich zugeben sollen, dass ich mich nicht traue, notfalls
unter Tränen, statt so falsch zu beteuern, ich hätte wegen
meines leeren Handyakkus verschlafen;
hätte ich an diesem 10. November zur abgemachten Zeit vor
der Polizeistation stehen sollen;
hätten wir gemeinsam aussagen sollen, dass sie von ihnen
verprügelt wurde, einfach weil sie kapierten, dass wir
Lesben sind;
eigentlich hätte ich wissen sollen: Ich werde mir das nie ver-
zeihen können.

TRANSFUSION

Über ihre Wangen rollten dicke Tränen. Ich wollte ihr etwas Tröstendes sagen, doch ich wusste nichts über sie. Mir war auch gar nicht klar, was genau passiert ist. Samir hatte mich vor einer halben Stunde angerufen und gebeten, Suljo vorbeizubringen. Sie hatten einen Notfall: Ein Hund brauchte dringend eine Transfusion. Es war immer eine ziemliche Qual, ihn zur Tierarztpraxis zu bringen. Jedes Mal riss er sich los und bellte, sobald wir hineingingen. Wahrscheinlich kam die Angst vor dem Impfen und dem Säubern der Analdrüsen wieder in ihm hoch. Aber was sein muss, muss sein. Samir war an Suljos Verhalten gewöhnt. Er zog die Leine an und meinte, er werde ihm eine kleine Beruhigungsspritze geben. Ich war so nervös, dass mir der Schweiß auf die Stirn trat und ich weiche Knie bekam. Schweigend setzte ich mich neben die Frau.

Ich hörte Bremsen quietschen und dann, zack – Charlie unterm Auto, ich halte die abgerissene Leine in der Hand und rufe um Hilfe. Blut floss um meine Füße, die Menschen nahmen Reißaus. Ein junger Mann nahm Charlie dankenswerterweise hoch, er meinte, ich solle mich vorne hinsetzen, und fuhr mich in die Tierklinik.

Sie rannten mit ihm in den OP-Saal.
Ich wusste nicht, ob er tot oder lebendig
war. Dann kam der Mann mit dem Hund. Ihm
hab ich ebenfalls zu danken. Sein Hund wurde
auch weggeführt. Ich konnte nicht
aufhören zu weinen.

Zum Glück sind die Tage von Rentnern
geräumig, da passt einiges hinein. Es
dauerte ewig, aber Hauptsache, der Hund
war gerettet. Sie teilten uns mit,
dass er und Suljo nun langsam aus
der Narkose erwachten. Samir erklärte
der Frau, dass sie ihren Hund einige
Tage dabehalten müssten. Wenn ich an
diesem Punkt einfach mit Suljo gegangen
wäre, wäre es auch gut gewesen.
Er hätte als Belohnung zwei Leckerlis
bekommen, ich hätte ein Bier getrunken,
Sport und später die Nachrichten geschaut …
Wir wären zusammen auf der Couch
eingenickt. Da lächelte die Frau endlich.
Mir ging das Herz auf. Ich schlug vor,
einen Kaffee trinken zu gehen.

Muharem rief mich jeden Tag an, um
sich nach Charlie zu erkundigen. Gott
sei Dank, dem kleinen Schelm gings gut.
Er aß immer besser. Ich fragte ebenfalls nach, wie es Suljo ging – wirklich

drolliger Name für einen Hund. Später,
als Charlie wieder gesund war, trafen
wir uns manchmal im Park. Die beiden
mochten sich gern. Beschnüffelten sich,
rannten umher, wälzten sich im Gras.
Muharem und ich sahen ihnen von der Bank
aus zu. Lachten über ihren Schabernack
und unterhielten uns. Er sagte, er sei
alleinstehend und verbringe seine alten
Tage mit Schach- und Bocciaspielen.
Vor zwei Jahren, auf dem Nachhauseweg,
hatte der Hund seinen Weg gekreuzt. Saß
einfach ruhig da mit seinen schönen,
traurigen Augen. Dann war er ihm bis zum
Haus gefolgt. Es war ziemlich kalt und
Muharem hatte Mitleid, ließ ihn in den
Hausflur und dachte, er würde wieder
weglaufen, sobald jemand die Tür öffnete.
Als er am nächsten Morgen die Wohnung
verlassen wollte, traf er ihn fröhlich mit
dem Schwanz wedelnd auf seinem Abtreter an.
Was solls, sagte er sich, machte die Tür
weit auf und rief: „Herzlich willkommen,
mein Suljo."

Glücklicherweise lebten wir im gleichen
Viertel und konnten oft zusammen in den Park.
Charlie und Suljo wurden zum
Faden, der uns verband. Behkas Blick war
weich und fröhlich, ich war mir sicher,

dass sich dahinter freundliche, wohlmeinende
Gedanken verbargen. Als ich ihr das sagte,
schnellten ihre Brauen kess nach oben:
„Hach, was hab ich nicht alles schon
gemacht in meinem Leben“, sagte sie.
Wer hat das nicht, wenn ich mich erst an
meine Jugend zurückerinnere … Und da
sitzen wir nun, ich mit 70, sie mit 69.
Fast eineinhalb Jahrhunderte, wenn du sie
zusammenzählst und ein wenig streckst.

Seinen Blick habe ich genau gesehen.
Er fuhr mir direkt in den Magen, was soll ich sagen,
Scham und Verwirrung und Wonne zugleich.
Bin schon zu lange allein. Drei Kinder
habe ich aufgezogen, meinem Mann gedient,
ihn schließlich beerdigt. Mir die Rente
als Köchin im Studentenwohnheim verdient.
Die Kinder ziehen jetzt ihre eigenen Kinder groß.
Meine Enkel liebe ich sehr, nur haben
sie wenig Zeit für mich. Sachen, die
sie nicht mehr brauchen, stellen sie bei
mir unter. Meine Schränke und die Speisekammer
sind vollgestopft, ich schiebe so
viel ich kann unters Bett. Es nervt mich,
aber ich sage nichts. Wenn es mir bis
zum Hals steht, nehme ich alles heraus
und sortiere es, dann geht es mir etwas
besser. Auch Charlie habe ich bekommen,
als sich herausstellte, dass meine Enkelin

gegen Hunde allergisch ist. Aber deswegen beschwere ich mich nicht. Der süße Schelm gehört jetzt zu mir. Für kein Geld der Welt gebe ich ihn her.

Behka wollte wissen, warum ich nie geheiratet habe. Einmal hatte nicht viel gefehlt. Unsere Beziehung war lang. Wir arbeiteten beide in einer Berufsschule, ich als Lehrer für Berufs- und Materialkunde, sie als Sekretärin. Alle dachten, wir würden heiraten, auch ich, doch dann sagte sie mir eines Tages, das sei nicht das Richtige, sie könne das nicht. Sie kündigte und suchte sich eine neue Arbeit.

Ich werfe ihm ein paar Worte zu, er wirft mir ein paar Worte zu; ich hatte mich an unseren regelmäßigen gemütlichen Plausch gewöhnt, doch die Zeit verstrich, es wurde kühler, wir konnten nicht mehr so lange im Park bleiben. Mir tat es leid für Charlie und Suljo, die beiden wären am liebsten ständig beieinander gewesen. Ich überlegte eine Weile, dann sagte ich mir, ich lad sie ein, dann komme, was wolle.

Mein Herz machte einen Hüpfer, als sie meinte, ich könne mit Suljo vorbeikommen.

Etwas in mir hat sich verändert und lässt mich nicht mehr los. Ich registriere nicht mehr, wenn jemand seine Mülltüte im Flur stehen gelassen hat, ich kontrolliere nicht, ob die Eingangstür ordentlich verschlossen ist, die laute Musik von oben stört mich auch nicht. Das alles berührt mich einfach nicht mehr. Wenn ich an Samstag denke, fangen meine Hände an zu schwitzen.

Sobald ich die Tür einen Spalt breit öffne, zwängt sich Suljo auch schon hinein. Muharem steht frisch rasiert in der Tür. Seine Jacke weiß. „Es schneit", sagt er. Im Flur zieht er die Schuhe aus und legt ein paar Leckerli für Charlie raus, um sie später nicht zu vergessen.

Wir essen gefüllte Paprika mit Kartoffelbrei zu Abend. Charlie und Suljo scharwenzeln um den Tisch herum. Ich habe noch nie gehört, dass jemand statt Pfeffer Wacholderbeeren in die Soße tut. Unglaublich lecker!

Ich hole uns Plätzchen und Kaffee. Draußen wird es dunkel, wir trinken schweigend. Ich will etwas sagen, weiß aber nicht was. Mein Magen verkrampft sich vor Nervosität.

Wegen der Stille bekomme ich Panik.
Ich würde gern was sagen, aber alles,
was mir einfällt, kommt mir irgendwie
dumm vor. Ich rede vom Wetter, und dass
ich den Winter nicht mag. Da gibt es
weder Schach noch Boccia, du kannst dich
nur zu Hause einsperren und jammern.
Wintereinsamkeit ist das Schlimmste.

Ich werfe einen Blick auf die beiden, satt
und zufrieden dösen sie neben dem Ofen.
Jetzt oder nie, das ist mir klar. Ich lege
meine Hand auf Muharems und sage zu ihm:
Hier kannst du dich jederzeit aufwärmen.

Alles fing mit einem übergeschnappten Hund an, der
unters Auto rannte. Die Transfusion, die folgte, veränderte
zwei Hunde- und zwei Menschenleben. Im Schlafzimmer
liegen Behka und Muharem nebeneinander. Unter ihrer Haut
kocht das Blut. Verlangen fließt vom einen in den anderen
Körper. Die Nachttischlampe brennt.
„Soll ich das Licht ausmachen?", fragt Muharem.
Behka sieht kurz ihn an, dann die Lampe.
„Lass es an", lacht sie und küsst ihn auf den Mund.

MEINE TRAURIGE SOFIJA

Über das schlafende Dorf hat sich die Nacht gelegt, leere Straßen, verschlossene Tore, alles still. Nur die alte Baba Sofija sitzt auf der Bank vor ihrem Haus und sieht zum Himmel. Der Mond ist groß wie ein Ballon voller Milch, kurz vorm Zerplatzen. Genau so war er auch in jener weit zurückliegenden Nacht, als sie und Milica vor dem Haus saßen. Damals hatte er sich so tief herabgesenkt, dass es aussah, als würde er jeden Moment die Baumwipfel kitzeln. Sie unterhielten sich kichernd, während sie abwechselnd im Schoß der anderen lagen. Vor dem Schlafengehen ging Sofija noch ins Außenbad, um sich zu waschen. Sie seifte vergnügt ihren Körper ein und dachte daran, wie sie miteinander gescherzt hatten. Sie streichelte ihre Brüste, den Bauch, die Oberarme. Machte die Beine breit, um mit den Fingern bis nach *da unten* zu kommen, wie die Frauen es verstohlen nannten. Vor ihren Augen flimmerte Milicas warmer Blick, als wäre sie immer noch da. Ein merkwürdiges Zittern durchfuhr sie. Sie schob ihre Lippen auseinander, dann blickte sie zu beiden Seiten, um sicherzugehen, dass auch wirklich niemand da war. Sie bewegte weiter ihre Finger. Ihr Blut geriet in Wallung. Das Mondlicht zerbarst über den Feldern. So war das also, irgendwie war es ihr klar, ohne dass sie darüber sprechen musste. Sogar Milica gegenüber schwieg sie. Einmal hätte sie sich fast verraten, aber wie sollte sie ihr das erklären, jedes Mal löste die Erinnerung an den Geruch ihres Körpers, an ihre Lippen und ihre aufgeflochtenen Haare diese heftige Lust in ihr aus.

Dann gingen sie an einem Samstag gemeinsam ins Tanzhaus zum Dorfball. Sie lehnten an der Wand, tranken Saft und wiegten sich zur Musik. So verging die erste halbe Stunde, bis Slavko hereinplatzte, der Raufbold des Dorfes, mit dem keiner was zu tun haben wollte. Sofija hatte es ihm angetan. Vergeblich versteckte sie sich hinter anderen Leuten, nach ein paar Gläsern ging Slavko zu ihr, packte sie fest am Arm und zog sie Richtung Ausgang. Niemand wagte es, sich einzumischen. Nur Milica weinte untröstlich. Keine Chance, ihn mit Schreien und Wegreißen abzuhalten, denn seine Kraft war unerbittlich. Tags darauf beteuerte Sofija ihren Eltern, er habe sie nicht angefasst und sie habe die ganze Nacht durchgeweint. Doch das reichte ihnen nicht – das ganze Dorf hatte schließlich gesehen, wie sie mit ihm mitgegangen war. Sie stellten ihre Tasche vor die Tür und sperrten ab. Damit begann Sofijas Eheleben.

Kurz darauf kam der große Krieg. Die Erde trank viel menschliches Blut, und auch in ihrem Haus fehlte es nicht daran. Er betrank sich und schlug sie. Von allen alleingelassen schenkte sich auch Sofija ein. Nur ein Gläschen, dann ein zweites und drittes. Bis zur Bewusstlosigkeit besoff sie sich zum ersten Mal, nachdem sie das Baby tot geboren hatte. Auch das zweite wurde eine Totgeburt. Slavko fluchte, verfluchte, schlug – behauptete, sie mache das absichtlich. Wäre das dritte nicht glücklicherweise lebend und gesund zur Welt gekommen, er hätte sie womöglich totgeprügelt. Nikola nannten sie den Jungen. Nach dem Krieg gebar sie noch drei Kinder. Sie besuchte nie jemanden, und zu ihr kam auch niemand. Die Kinder wuchsen unter ihrem trüben Blick wie Unkraut aus vergiftetem Boden. Auch um das Vieh hatte sie sich zu kümmern. Die einzige Atempause fand sie im Schnaps. Doch jede Gewalt kommt einmal an ihr Ende, und so war es auch mit Slavkos.

Aus Rache wurde er umgebracht, aber wo er begraben liegt, das wurde nie bekannt.

Das Dorf dachte, die Ärmste könnte nun endlich aufatmen, doch für Sofija war es zu spät. Ihr Leben war zu Slavkos Gruft geworden. Sie war eine Trinkerin und schlechte Mutter, ihre Lausekinder trieben sich auf den Dorfstraßen herum. Sie schämten sich für ihre Mutter, die ständig strauchelte und lallte. Nikola war seinem Vater am ähnlichsten, er plünderte, drohte, schlug. Eines Tages, im Morgengrauen, holten die Milizionäre Sofija ab. Sie führten sie zur Bahnstrecke nahe des Dorfes. „Stimmt, das ist Nikola", sagte sie. Nach dem Vater nun auch noch der Sohn, Obrigkeit und Dorfleute waren in Aufruhr. Alle waren sich einig, dass die übrigen Kinder weg mussten – weg aus der Schlusslinie, weg von dieser Mutter.

Die Einsamkeit, die Armut und der Alkohol ließen sie verfrüht altern. Ihre Kinder lebten da bereits in anderen Republiken. Manchmal schrieben sie sich Briefe, noch seltener sprachen sie miteinander, von der Telefonzelle aus. Nie beklagte sie sich bei ihnen, nie bat sie um etwas. Dass sie nichts zu bitten hatte, wusste sie auch betrunken nur zu gut. Sie verdingte sich als Tagelöhnerin, schuftete von früh bis spät und musste sich Ermahnungen anhören: „Komm schon, Baba, schneller, Baba, verdammt noch mal, Baba." Die Winter waren hart. Sie legte sich eine Decke um und strickte, was gebraucht wurde, Handschuhe, Mützen, Schals. Auch für die Kinder und Enkel strickte sie ein bisschen, um etwas parat zu haben, falls sie vorbeikämen. Der Nachbar schenkte ihr einen kleinen Schwarz-Weiß-Fernseher, er hatte sich einen neuen in Farbe zugelegt. Sie liebte Boxen und Muhammad Ali. Manchmal saß sie bis tief in die Nacht und wartete auf den Boxkampf. Wenn

Ali seine Gegner verdrosch, ließ sie ihr Strickzeug in den Schoß sinken, ballte die Fäuste und ruckte mit den Schultern. Nur im Boxring, so schien ihr, bekam das Böse vom Guten eins übergezogen. Schlagend und tretend ließ es Gerechtigkeit walten, die sonst nirgends zu finden war.

Einmal bekam der Nachbar sein Holz zu spät geliefert. Er hatte keine Zeit und fragte daher Sofija, ob sie es für ihn spalten und aufschichten könne. Im Gegenzug versprach er ein gutes Stück Speck, zwei Kilo Mehl und etwas Kajmak. Sie lud die Buchenhölzer Stück für Stück in die Schubkarre, als sie hinter sich plötzlich ihren Namen hörte. Sie richtete sich auf und drehte sich um. Fast hätte sie Milica nicht erkannt. Nur wenige Monate nach dem Ball hatte auch sie geheiratet und war in ein anderes Dorf gezogen. Sie hatten sich weder gehört noch gesehen. Erst jetzt, nach so vielen Jahren, standen sie einander wieder gegenüber. Milica umarmte sie fest und stammelte weinend: „Meine traurige Sofija." Wie ein Holzklotz hielt sich Sofija in dieser Umarmung. Warum weinte Milica nur – etwa wegen damals? Wegen ihres eigenen Schicksals oder wegen Sofijas? Sie spürte eine Leere in sich, wie wenn sie im Badezimmer ihren Kittel auszog, die Beine breit machte, ihre knotigen Finger hineinschob und knetete, drückte und rieb – sie wünschte sich, nur den Hauch ihrer früheren Lust zu spüren, doch da war nichts. Am darauffolgenden Tag fand sie in ihrer Tasche einen Hundert-Dinar-Schein. Sie dachte an Milica und zierte sich. Sie nahm den Schein in die Hand, betrachtete ihn, steckte ihn zurück in die Tasche. Mehrmals hintereinander.

An jenem Morgen erreicht die Nachricht von Milicas Tod das Dorf. Sie ist in dem anderen Dorf gestorben, umringt von ihren Kindern. Sofija sitzt vor ihrem Haus, schweigt und sieht zum Mond. Sie kann nicht begreifen, wie sich unter diesem glänzenden Mond all das tummelt, was sich tummelt. Wie im Menschen – unter diesem weißen Mond – all das steckt, was in ihm steckt. Sie möchte weinen, doch da sind keine Tränen. Keine Freuden, keine Kinder, keine Milica. Sie betritt das Haus, schließt ab und schaltet das Radio ein. Sie holt ein Glas und eine Flasche Schnaps aus der Vitrine. Hin und wieder fällt ihr Kopf auf den Tisch, wie einst in Milicas Schoß. Sie wird nicht müde, sie trinkt, schenkt nach, bis der Mond den Himmel irgendwann der Sonne übergibt.

Da endlich wird sie vollends ohnmächtig und kippt um.

FORELLEN, DIE BEI REGEN NICHT STERBEN WOLLEN

In ihrer Nachricht steht, ich solle zwei Forellen aus dem Fischgeschäft mitbringen. Obwohl sie genau weiß, dass ich Einkaufen nach der Arbeit hasse. Ich will dann einfach unter meine Decke kriechen und ein Nickerchen machen. Sie aber findet, ich schlafe zu viel. Versteht nicht, wie sehr mich die Arbeit auslaugt. Manchmal fragt sie mich: „Träumst du wenigstens was Schönes?“ Ich schlafe nicht, um zu träumen, an meine Träume kann ich mich sowieso nie erinnern. Ich schlafe, um mich aus allem auszuklinken. „OK“, tippe ich als Antwort und halte den ganzen Weg über mein Handy fest in der Hand, um die Forellen nicht zu vergessen. Ich habe die schlechte Angewohnheit, beim Gehen abzudriften. Ich lasse meinen Kopf sinken und mich von meinen Füßen tragen. Als gäbe es etwas Neues zu entdecken. Dabei ändert sich hier im Wesentlichen nichts.

„Sie wünschen?“, fragt der junge Verkäufer lächelnd und wischt die Hände an der Schürze ab.

Der mit kleinen weißen Kacheln geflieste Laden erinnert an ein altes Bad. Er ist schmal; die Theke und ein Becken, in dessen trübem Wasser nichts zu sehen ist, finden gerade so darin Platz.

„Zwei Forellen, bitte.“

„Welche sollen's denn sein?“

Ich schweige.

„Regenbogenforelle? Bachforelle? Äsche ist auch gerade eingetroffen. Wie Sie möchten.“

„Aha.“

„Wenn Sie Ihren Fisch filetiert möchten, empfehle ich auf

jeden Fall die Regenbogenforelle."

„Ist mir egal."

Der Verkäufer krempelt seine Ärmel hoch und taucht aufs Geratewohl die Hand ins Becken. Wie bei der Tombola zieht er eine, dann noch eine heraus. Glitschige Schwänze klatschen auf die Metalloberfläche der Theke. Der Mann wirbelt das Messer in seiner Hand wie ein Jongleur und schlägt mit dem Griff hart auf die beiden Köpfe. Eins, zwei, fertig. Seine Hand ist mit winzigen Narben übersät. Ich reiche ihm das Geld, er mir die Fische in einer zugeknoteten Plastiktüte. Endlich verstaue ich das Handy in meiner Hosentasche. Stopfe die Tüte in den Rucksack und eile zum Minibus. Bis er abfährt, habe ich noch fünfzehn Minuten. Ich spüre ein paar Regentropfen. Wütend denke ich, sie hätte ruhig schreiben können, was für Forellen sie will. Zwischen uns ist es aus, aber nach zehn Jahren wissen wir nicht, wie wir uns trennen sollen. Vor drei Wochen hat sie mir erzählt, sie habe mich betrogen. Ich kann es ihr nicht mal verübeln, ich bin diejenige, die sich verändert hat.

Durch den Regen komme ich langsamer voran, der Bus fährt mir vor der Nase weg. Auf einmal gießt es, als hätte der Himmel seine Schleusen geöffnet. Ich zwänge mich unter eine kleine Überdachung auf der gegenüberliegenden Straßenseite. Vergeblich telefoniere ich die Taxiunternehmen durch, der Verkehr ist bereits kollabiert. Bei so einem Wetter auf den nächsten Bus zu warten, hat keinen Sinn. Bis er kommt, kann locker eine Stunde vergehen. Mir bleibt nichts anderes übrig, als zu Fuß den Berg hinaufzugehen. Ich ziehe meine Kapuze über und marschiere los. Auf der steilen Straße kommen mir Sturzbäche voller Dreck entgegen. Hier wird ständig irgendwo irgendwas gebaut und ausgebessert. Das Wasser reißt lauter Abfälle mit sich. Bauschutt klebt an meinen Hosenbeinen, wird in meine Schuhe geschwemmt. Meine ganze Kleidung ist durchgeweicht, ich bin nass bis auf die Unterhose. Vielleicht hätte ich doch lieber an der Haltestelle bleiben und warten sollen, aber zum Umkehren ist es nun zu spät. Während ich so durch den Regen haste, spüre ich plötzlich unterhalb der Schulter einen Schlag, ganz deutlich, dann noch einen, und noch einen. Kein Zweifel, sie kommen aus dem Rucksack. In dem ganzen Durcheinander bleibe ich stehen, nehme den Rucksack ab und knote die Tüte auf. Die beiden Fische blicken mich an, sie öffnen ihr Maul und bewegen die Kiemen. Nun bin ich wirklich sauer – der Idiot hat die Viecher nicht mal getötet, wie es sich gehört!

Sie sitzt seelenruhig im Sessel und liest ein Buch. Ich nehme die nasse Tüte heraus und trage sie zum Waschbecken.

„Was für welche hast du genommen?", fragt sie.

Für einen kurzen Moment will ich ihr alles sagen: dass die Fische in der Tüte noch gelebt haben; dass das neulich keine Gleichgültigkeit war; dass ich geschwiegen habe, weil ich verstehen konnte, warum sie das getan hat …

„Weiß nicht", fahre ich sie stattdessen an und verschwinde unter die Dusche.

Ich liege im Zimmer und lausche dem Regen. Wenn es genau so intensiv bis zum Morgen weiterregnet, lösen sich noch alle Schuppen, Garagen und Häuser auf. Dann bleiben nur der nackte Berg und vielleicht die eine oder andere Geschichte zurück. Wenn es so käme, wäre unsere von jenem lang zurückliegenden Sommer am Neretva-Delta wohl darunter? Aus der Küche ruft es: „Abendessen!" Als ich meine Füße vom Bett auf den Boden setze, landen sie im seichten Wasser, einem Gemisch aus Salz- und Süßwasser. Ich erkenne den Strand, das Schilf, den Queller. Es wimmelt nur so von Kitesurfer*innen. Der Maestrale bläst die bunten Drachen hin und her, sie füllt ihre Taschen mit Muscheln. Händchenhaltend waten wir durchs Wasser und lassen die ganze Welt hinter uns.

Als ich in die Küche komme, sind die Forellen auf einem ovalen Teller mit Kartoffelsalat angerichtet. Ich will sie fragen, ob sie noch gelebt haben, als sie sie aus der Tüte genommen hat, überlege es mir jedoch anders. Sie tut mir eine auf und sagt, sie habe eine Wohnung gefunden. Bis Freitag sollte sie ausgezogen sein. Was sie danach sagt, höre ich nicht mehr. Ich versuche, das Delta in mir wiederzufinden, doch es will mir nicht gelingen. Auch den Regen höre ich nicht mehr. Ich starre auf den Teller und fange an zu weinen.

DIE GANZE WELT ZWISCHEN UNS

Deine Mutter
lebt nirgendwo,
ist längst dein Kind geworden,
das du nie gebierst.

Hilde Domin, *Unterwegs*

Als ich sechs war, trieb ich mich wie alle Kinder im Sommer den ganzen Tag draußen herum. Doch ausgerechnet in diesen heißen Tagen lag ich mit den anderen Mädchen aus der Straße im Streit. Ich erinnere mich nicht mehr an den Auslöser, mir ist nur die unglaubliche Langeweile im Gedächtnis geblieben, die ich damals empfand. Wer weiß, wie sich das Knäuel meines Aufwachsens entwirrt hätte, wenn nicht Belma eines trägen Nachmittags ihren funkelnagelneuen Federballschläger mitgebracht hätte. Etwas abseits hockend beobachtete ich den fröhlichen Ballwechsel zwischen ihr und Sanela. Ich wollte sie auch neidisch machen, hatte aber schon lange kein neues Spielzeug mehr bekommen. Bei mir kam alles zusammen: Einsamkeit, Hitze, Wut ... Ich spielte den einzigen Trumpf, den ich hatte; ich drohte ihnen.

„Schön für euch, dafür bringt mir meine Mama von der Reise einen nagelneuen Ball mit und damit dürft ihr nicht spielen."

An Mama dachte ich sonst nicht oft. Ich wusste, dass sie vor langer Zeit auf eine große Reise aufgebrochen war. Belma schlug den Ball mit der roten Gummikappe kräftiger und er flog in den abgeschlossenen Nachbarhof. Ich lachte laut auf.

Sie runzelte die Stirn und schürzte die Lippen, als würde sie einen Moment überlegen.

„Wie dumm du bist! Deine Mama ist nicht weggefahren, sie ist tot, das wissen doch alle", gab sie höhnisch zurück.

Papa schlief bäuchlings auf der Couch. Erst wollte ich ihn wecken, um eine Erklärung dafür zu bekommen, warum ich vor Belma und Sanela so dumm dagestanden hatte, doch dann kam mir eine viel bessere Idee. Aus der hingeworfenen Hose schaute sein Geldbeutel halb hervor. Ich zog ihn vorsichtig heraus und zerriss alle darin befindlichen Scheine gründlich in Fetzen. Erst als ich damit fertig war, erschrak ich über meine Tat. Ich wusste, er würde wütend werden, sobald er aufstand. Panisch rannte ich in den Garten. Mir stockte der Atem, in meinen Ohren hämmerte es. Ich hörte ein Knacken, als bräche etwas in mir entzwei. Für ein paar Sekunden, nicht länger, konnte ich sie sehen. Wir standen auf der verbrannten Wiese, sie und ich, und glichen uns wie ein Ei dem anderen. Dann rannte sie weg, und ich wickelte den Gartenschlauch ab und machte mich ans Gießen.

„Was haben sie zu dir gesagt? Jetzt sag schon!" Papa schüttelte mich.

Seine Worte rochen nach Alkohol. Ich erzählte einfach, was passiert war, das hielt ich für das Beste. Dann brach ein ziemliches Chaos aus. Die Eltern von Belma und Sanela kamen zu uns. Entschuldigten sich unter Tränen, drückten mich und versprachen, die beiden würden Prügel bekommen. Als ob es ihre Schuld wäre, dass Papa gelogen hatte, oder, noch schlimmer, dass Mama gestorben war. Meine Chancen auf Federball standen diesen Sommer gleich null. Dafür war mir nun einiges klar, zum Beispiel, warum die Erwachsenen mich immer so mitleidig ansahen, oder warum Papa ständig Mamas auf Kleiderbügel aufgehängte Sachen umarmte.

Manchmal verbindet der Tod die Menschen, doch uns trennte er. Zwölf Jahre später stand Papa am Tor, winkte mir nach und rief: „Komm, wann immer du willst, das ist auch dein Zuhause." Ich zog den Koffer die Straße hinunter, bis zur Abfahrt des Busses blieben mir noch 20 Minuten. Ich drehte mich um und lächelte, wie es sich gehört, war aber im Kopf schon kilometerweit weg. Das war der erste von vielen Versuchen, mein Leben neu zu beginnen. Gar nicht so leicht, wie sich herausstellen sollte. Bis zum 30. Lebensjahr häufte ich drei abgebrochene Studiengänge und fünf gescheiterte Beziehungen an. Ich machte alle möglichen Jobs, schaffte es aber nie, mir eine Karriere aufzubauen. Manchmal träumte ich von uns beiden. Wo wir uns befinden, weiß ich nicht, aber wir sind allein. Wir gleichen uns nicht mehr wie ein Ei dem anderen, ich bin jetzt quasi erwachsen, sie ist jung geblieben. Nichts, was ich sage, kann sie trösten. Sie redet auf mich ein, sie hätten uns angelogen, Mama sei nicht gestorben. In Wahrheit habe sie uns verlassen, weil Papa trank. Sie lebe jetzt glücklich mit einer anderen Familie, irgendwo weit weg, wir müssten sie finden, um wenigstens zu sehen, wie sie aussieht. Ich wachte jedes Mal verwirrt und verschwitzt auf.

Papa starb überraschend an einem Herzinfarkt. Am Telefon hatte er sich manchmal über hohen Blutdruck beschwert, und darüber, dass ich ihn nie besuchte. Nach der Beerdigung kamen die Leute zu mir und sagten, er sei ein guter Mensch gewesen, auch in Anbetracht der Umstände. Ich gab ihm schon lange keine Schuld mehr. Die Trauer hatte ihn schlichtweg aufgefressen. Ich konnte nur hoffen, dass er nun endlich seinen Frieden gefunden hatte. Abends, nachdem alle gegangen waren, streifte ich allein durch die Zimmer und öffnete Anrichten, Kommoden und Schränke. Alles war noch an seinem Platz, als würde die Zeit an diesem Haus vorbeifließen. Die Verwandten fanden es nicht richtig, dass ich es verkaufen wollte. Sie versuchten, mich davon abzubringen, doch ich wusste, es war an der Zeit, einen Schlussstrich zu ziehen. Ich saß rauchend im Garten, als sie kam. Wieder war das Knacken zu hören, doch diesmal überraschte es mich nicht. Sie sah mich groß an, hypnotisierte mich mit ihrem Blick. Alles geriet durcheinander: Vergangenheit und Zukunft, Realität und Fantasie. Es fiel mir schwer, aber ich musste es ihr einfach sagen:

„Ich kann deinen Schmerz nicht mehr tragen." Da ging sie weg.

Seitdem habe ich sie nie wieder gesehen. Sicher irrt sie noch irgendwo herum in ihrem roten T-Shirt und ihren an den Knien abgewetzten Jeans. Den weißen Turnschuhen mit Klettverschluss, weil sie damals noch keine Schnürsenkel binden konnte. Sie ist bestimmt rasend vor Schmerz. Wer weiß, wozu sie alles fähig ist. Wenn ihr sie zufällig trefft, seid bitte nett zu ihr. Denkt daran, dass sie niemanden mehr hat auf der Welt.

HANIFAS ZIMMER

ICH HABE ES EILIG. STOPFE MEINE SACHEN IN KOFFER,
ABER JE SCHNELLER ICH DIE SCHUBFÄCHER LEERE, DESTO
SCHNELLER FÜLLEN SIE SICH WIEDER. DAS SIND ANSCHEINEND
MEINE SACHEN, ABER ICH ERKENNE SIE NICHT.
ICH BIN ZU SPÄT. PANIK ÜBERKOMMT MICH.
ICH STOPFE UND STOPFE,
ABER DIE BÖDEN WERDEN IMMER TIEFER.
ES IST NUR EIN TRAUM, DAS WEISS ICH. JEDES MAL TRÄUME ICH,
DASS ICH DAS ZIMMER NICHT VERLASSEN KANN.

„Hier muss irgendwo was undicht sein."

„Das werden wir gleich sehen." Der Klempnermeister bückt sich und öffnet den Gully.

Wir sind im Hof des alten Hauses. Seit Jahren wohnt keiner mehr darin, aber bei den Stadtwerken haben wir es nie abgemeldet. Jeden Monat flattern Rechnungen für Strom, Gas und Müllabfuhr in den verrosteten Briefkasten. Einer von uns holt sie und bezahlt, es sind kleine Beträge. Doch diesen Monat kam eine Rechnung für Wasser über 40 Konvertible Mark. Erst dachten wir, es handle sich um einen Fehler, aber die Leute von den Wasserwerken behaupteten: Da muss ein Rohr kaputt sein, das die Wasserrechnung nach oben treibt. Ich rief den alten Nachbarn an, der Klempner ist, niemand kennt sich mit den Leitungen hier besser aus als er. Auch als das Haus noch bewohnt war, hatten wir oft Probleme. Im Winter gefror das Wasser und die Rohre platzten. Manchmal gab es Überschwemmungen. Er kam, wann immer wir ihn anriefen, mitten am Tag, mitten in der Nacht.

Nun fasst er hinein und tastet.

„Zeig mir mal die Rechnung."

Ich ziehe ein zusammengefaltetes Blatt aus meiner Gesäßtasche.

„Mich wundert, dass es nicht mehr ist."

Dann sagt er mir, er müsse in seine Garage, um Werkzeug zu holen.

„Ich hols schnell, bin gleich zurück."

Das wird länger dauern, sagt mir mein Gefühl. Ich schließe auf und gehe nach oben. Öffne die Fenster, unbewohnte Häuser riechen anders. In meinem alten Zimmer lege ich mich auf die Matratze. Vor Langeweile weiß ich nichts mit mir anzufangen. Ich werfe einen Blick auf die Rechnung; erst jetzt bemerke ich, dass sie noch auf Hanifa, die Mutter meines Großvaters, ausgestellt ist. Nach ihrem Tod ließ er alle Verträge auf sich übertragen, warum er es beim Wasser nicht gemacht hat, weiß ich nicht. Das erzähle ich auch dem Klempner, als er zurückkommt.

„Erinnerst du dich an sie?", fragt er.

„Nein."

„1969", sagt er nickend, „aber es ist so, als würd ich sie jetzt noch vor mir sehen. Tuch um den Kopf, wie alle alten Frauen. Wie sagt man doch gleich, stille Wasser sind tief, sie wusste jedenfalls genau, was sie will."

Obwohl sie elf Jahre vor meiner Geburt gestorben war, wurde zu Hause viel über Hanifa gesprochen. Ich wusste, dass sie früh Witwe geworden war. Urgroßvater Mehmed fiel 1945, am

Tag der Befreiung. Als Gendarm hatte er im Königreich Jugoslawien gedient, ab 1941 dann im faschistischen *Unabhängigen Staat Kroatien*, beide Male in der Abteilung für Überwachung öffentlicher Prostitution. Ich fand das schon immer interessant, deshalb bat ich meinen Opa manchmal, mir davon zu erzählen. Als jüngster Sohn erinnerte er sich allerdings schlecht an seinen Vater. Über seine Arbeit wusste er nicht mehr als alle anderen damals. In der Stadt grassierte Syphilis, vor allem in den Bordellen in der Nova ulica und der Terezija am Miljacka-Ufer. Die Aufgabe des Gendarms bestand mehr oder weniger darin, dort einmal pro Woche zusammen mit dem Gesundheitsamt Untersuchungen durchzuführen. Vom Urgroßvater war ihm aber noch eine merkwürdige Angewohnheit im Gedächtnis geblieben: Jeden Morgen bat er Hanifa, ihm zwei weiße Stofftaschentücher zu bügeln. Er steckte sich eines in die linke, eines in die rechte Tasche seiner Uniform. Einen Tag vor der offiziellen Befreiung der Stadt schloss er sich der Partisaneneinheit an, die durch das Višegrader Tor bis zu den ersten Häusern hinabstieg. Am 6. April ereilte ihn der Tod auf jener Straßenkreuzung, die später wegen der vielen Konditoreien Slatko ćoše heißen sollte. Zwei Schüsse trafen ihn am Bauch. Ein Mann, der zufällig zugegen war, erzählte später, er sei nicht auf der Stelle gestorben. Er habe es noch geschafft, seine Taschentücher hervorzuholen. Mit dem einen bedeckte er die linke, mit dem anderen die rechte Wunde. Hanifa blieb allein mit sieben Kindern zurück. Es folgten Hungerjahre, doch so wie vieles ging auch dieses Elend irgendwann vorüber. Ihre Söhne wurden erwachsen und heirateten. Meine Oma, aber auch die anderen Schwiegertöchter Hanifas, erzählten mir, sie sei eine gutherzige und fröhliche Person gewesen. Sie erinnerten sich gern an jene Zeit, als junge Männer aus allen Sozialistischen Republiken Jugoslawiens zum Wehrdienst in die Jajce-Kaserne nach Sarajevo kamen. Jede Frau im Viertel hatte ihren persönlichen Schwarm in Uniform. Sobald sie unter ihrem Fenster den Marsch erklingen hörte, rief Hanifa die Schwiegertöchter. Während sie sich hinter den dicken Vorhängen zusammendrängten, lächelte Hanifa und sagte: Hier bitte, seht sie euch ruhig ein bisschen an.

Auch der Klempnermeister lacht. Er sagt, das ganze Viertel habe die Geschichte gekannt. Die Frauen wunderten sich und fragten Hanifa immer wieder: „Wieso tust du das, sind dir deine Söhne vollkommen egal?“ Sie winkte nur ab und sagte: „Mein Gott, was meint ihr denn, was die den ganzen Tag in der Stadt treiben.“ Auch weil sie Fußball liebte, war sie anders als die meisten. Von der Nationalmannschaft verpasste sie kein einziges Spiel. Dabei pflegte sie den Koran auf den Fernseher zu legen, und zwar dorthin, wo unser Tor war, und wenn die zweite Halbzeit begann, stand sie auf und schob ihn auf die andere Seite.

„So, ich hab mein Mögliches getan.“

Er sammelt sein Werkzeug ein und erklärt, dass es schwierig sei, Rohre zu reparieren, die nicht ordentlich installiert sind. Ich wusste nicht, wie ich ihm hätte sagen sollen, dass er sie selbst installiert hatte. Stattdessen bat ich darum, bezahlen zu dürfen, doch davon wollte er nichts wissen. Ihm sei es eine Freude, noch bisschen was tun zu können, und es sei schön gewesen, sich an Hanifa zu erinnern.

„Mir tut bis heute leid, dass sie ausgerechnet so gestorben ist.“

„Wie, so?“, frage ich.

„Kennst du die Geschichte etwa nicht?“

Ich wusste, dass sie einen Schlaganfall gehabt hatte, und Opa danach ein ganzes Jahr lang niemandem erlaubte, Fernseher und Radio einzuschalten.

„Wir hatten gehört, dass sie im Krankenhaus liegt. Meine Mutter schickt mich zu euch, ich soll fragen, wie‘s ihr geht. Damals hatten wir noch kein Telefon. Dein Opa macht auf, kreidebleich. Er sagt, jedes Mal, wenn er sie besucht, fleht sie ihn an und redet auf ihn ein, dass er sie nach Hause bringen soll. Die Ärzte erlauben es aber nicht. Er hat geklagt, dass er nicht einschlafen kann, dass er andauernd ihre Stimme hört: Bring mich heim, bring mich heim. Komm, wir gehn sie holen, hab ich zu ihm gesagt. Ich starte meine Fića, und wir zwei ab ins Krankenhaus. Doch als wir den Flur betreten, sagt die Schwester, wir sollen uns nicht vom Fleck rühren, und rennt weg. Dann kommt der Arzt, streckt deinem Opa die Hand hin und sagt: Mein Beileid.“

Der Klempner bittet mich, noch eine Stunde zu bleiben, falls es wieder tropfen sollte. Ich sage alle Termine für heute ab. Ich liege auf der Matratze in meinem alten Zimmer, das ursprünglich Hanifa gehörte. Stille. Ihre Söhne und Schwiegertöchter sind alle gestorben. Wenn liebe Menschen gehen, wandern sie in dein Herz. Du trägst sie in dir, so gut wie du es kannst und so lange du kannst. Ob Hanifa, wenn wir uns gekannt hätten, wohl an mich geglaubt hätte, wenigstens halb so sehr, wie ich mein Leben lang an ihre Gutherzigkeit glaube? Auch die paar Stunden hier werden vorbeigehen, dann schließe ich die Fenster, sperre zu und mache mich auf den Weg. Mein Leben werde ich woanders leben. Wie und wie lange, ist schwer zu sagen.

Aber ich hoffe trotzdem, dass es letztendlich so kommen wird: Die Wände geben nicht nach, und wenn die Zeit reif ist, kehre ich in Hanifas Zimmer zurück. Wenn ich es nicht allein schaffe, wird mich hoffentlich jemand bringen und die Fenster und Zimmertüren weit aufsperren. Und das wird völlig ausreichen, um hier für uns beide in Ruhe zu sterben.

EIN TAG UNTER DER ERDE

Es ist heiter oder bewölkt
oder dunkle Nacht
oder Sonne oder Mond
oder helllichter Tag …

Sevdalinka, traditionelles bosnisches Lied:
Il' je vedro, il' oblačno

Die Vögel singen, obwohl die Sonne noch nicht aufgegangen ist. Der Hausmeister entriegelt das Tor und Selima tritt vom einen Dunkel ins andere. Sie zieht Rock und Bluse aus und schlüpft in den sauberen, wohlriechenden Arbeitsanzug. Steigt in ihre schweren Stiefel und verknotet die Schnürsenkel doppelt. Dann bekommt sie ihre Ausrüstung ausgehändigt und drückt den roten Knopf an der Kontrolltafel. Drahtseile quietschen, sie schaltet die Lampe am Helm ein. Der Aufzug hält in 150 Metern Tiefe, weiter muss sie zu Fuß. In den engen Schächten flackert das Licht. Selima geht geduckt und gibt acht, wohin sie ihren Fuß setzt. Sie weiß, der kleinste Fehler würde genügen, und sie wäre nicht mehr da. Die Erde ist heimtückisch und gnadenlos. Kohlenstaub landet in ihrem Mund und verstopft ihre Nase. Mischt sich mit ihrem Schweiß, rinnt über ihre Wangen.

Sie war vierzehn, als eine Betriebsdelegation in ihre Grundschule geschickt wurde. Bis dahin hatte sie die Frage, was sie werden wolle, immer mit „Lehrerin" beantwortet. Doch an diesem Tag erzählten die Leute aus dem Bergwerk, in der Stadt werde bald eine Mittelschule für Bergbau eröffnet, auch

Mädchen würden genommen. Es lockten tolle Stipendien. Sie wollte ihr eigenes Geld verdienen und von niemandem abhängig sein. Warum nicht, ich werde einfach das Gleiche wie mein Vater und mein Bruder, sagte sie sich. Ihre Mutter weinte. Bei einem großen Grubenunglück hatte sie drei Angehörige verloren. Damals hallten die Schreie durch die Stadt. Selima war noch zu jung, um das alles zu verstehen. Sie wusste nur noch, dass der Tod die Stimme einer trauernden Frau hat. Doch das war eine ferne Stimme aus der Vergangenheit, und sie war ein Mädchen in der Pubertät. Vom Flehen ihrer Mutter ließ sie sich nicht abhalten. Sie blieb so lange standhaft und hartnäckig, bis sie ihren Willen durchgesetzt hatte. 1984 wurde sie eingestellt, in jenem Jahr, das die Olympischen Spiele nach Sarajevo und die Frauen in das Braunkohlebergwerk „Breza" brachte. Am ersten Arbeitstag begleitete der Vater sie. Die Mutter schüttete einen Krug Wasser hinter ihnen aus: „Glück auf", sagte sie dazu. Seite an Seite gingen sie den Feldweg entlang. Ihr Vater hatte mit seinen Gedanken zu kämpfen, sagte aber nichts. Schweigend erreichten sie das Tor. Sie umarmten sich fest, dann ging Selima den anderen Arbeitern und Arbeiterinnen nach. Als sie sieben Stunden später aus der Grube kam, stand er noch immer regungslos am Zaun.

Selima verbrachte den größten Teil ihres Berufslebens damit, die Luftqualität zu kontrollieren. Ein verantwortungsvoller Job, von dem Leben abhängen. Täglich lief sie zehn Kilometer zu Fuß kreuz und quer durch die Grube. Zählte man all ihre unterirdischen Schritte im Laufe der Jahre zusammen, würden sie vermutlich reichen, um die halbe Welt zu umrunden. Doch ihr Leben spielte sich hier ab, im „Breza". Im Bergwerk lernte sie ihren Mann kennen. Ihre Jugend war schön, voller Schabernack und Späße. Von ihren beiden Gehältern konnten sie ein Haus bauen. Abends, nach Schichtende, machten sie sich fertig und zogen los in die *Drvenjača*, die Bergbaukneipe, wo manchmal bis in die Puppen gesungen und getanzt wurde. Später bekamen sie zwei Töchter. Und da, mit den Kindern, befiel sie die Angst vor dem Schicksal der Bergleute. Sie erinnerte sich wieder an jene Stimme und an die Tränen ihrer Mutter, doch selbst damals wich sie nicht zurück. Sie schluckte weiter Staub, ertrug die Schmerzen. Wie oft sie mit dem Kopf anstieß und mit blauen Flecken herauskam. Dann verschwanden die Staaten, die ihre Macht an den Erfolgen im Bergbau gemessen hatten, über Nacht. Auch Alija Sirotanović starb, der Held der Arbeit, der drei Häuser von ihr entfernt gewohnt hatte. Das Bergwerk war auch im Krieg weiter in Betrieb, trotz Personalmangel und fehlender Ausrüstung. Sie hatten alle keine Wahl. Taten, was sie konnten, um diese Jahre zu überstehen. Selima wurde Maschinistin, sie mochte ihren Job an den Förderbändern, die die Kohle aufnehmen. Das war Schwerstarbeit auf der Plattform, wo die Temperatur auf bis zu minus 15 Grad herabsinken konnte. Sie beklagte sich nie, machte nie einen Fehler. Im Morgengrauen packte sie sich gut ein, wickelte ein Tuch um ihren Kopf und setzte den Helm auf. Und los ging es zur Arbeit. Als ihr Bruder sie einmal so sah, fing der Kerl an zu weinen.

Nachdem sie eine Probe aus der hintersten Ecke der Grube genommen hat, setzt sie sich für eine kurze Verschnaufpause hin. Sie schraubt den Deckel der Plastikflasche ab und spült den Staub in ihrer Kehle mit ein paar Schlucken Wasser hinunter. Bindet die Schnürsenkel auf und streckt ihre Beine. Jeder Muskel zittert, man hätte meinen können, vom Alter, doch sie weiß, dass weniger die Jahre als vielmehr die Ungerechtigkeiten sie müde gemacht haben. Wenn der Krieg doch endlich aufhören würde. Ständig wartest du auf bessere Zeiten, doch es wird immer nur schlimmer. „Die Welt hat sich verändert", sagen die Leute, „niemand braucht mehr Menschen unter der Erde." Sie würde keinen Mucks machen, wenn es wirklich so wäre. Würde jede unbezahlte Auszeit, jedes Warten auf Abruf akzeptieren, wenn es gerecht zuginge. Doch in Wirklichkeit redet das ganze Kollektiv darüber, was sie sich letzte Woche auf der Versammlung geleistet habe. Die Betriebsleitung hatte das Treffen einberufen, um über weitere Schritte zu beraten. Einer der Tagesordnungspunkte war die Frage der Entlassungen, über die bereits viel gemunkelt worden war. Zweihundert Seelen standen in der Halle und schwiegen vor Angst. Der neue Direktor wiederholte vom Podium herab durchs Mikrofon: „So verstehen Sie doch, haben Sie doch Verständnis …" Als er davon redete, dass nur die bleiben, die am dringendsten gebraucht würden, hielt Selima es nicht mehr aus. Sie stieg auf eine Bank und brüllte so laut sie konnte: „Jetzt reichts aber mal! Denkst du, wir sind dumm? Denkst du, wir wissen nicht, dass immer die bleiben, die sich ducken, und nicht die, die was können?" Es gab niemanden, der oder die später nicht zu ihr gegangen wäre und ihr Recht gegeben hätte, aber alle meinten, dass es unklug gewesen sei. Ihr Mann schmollte, war tagelang ungehalten. Dauernd hörte sie ihn nörgeln: „Das hat dir gerade noch gefehlt, zwei Jahre vor der Rente."

Mit den Proben am Gürtel kehrt Selima zum Grubeneingang zurück. Tag für Tag wartet sie darauf, dass eine Liste mit den Namen derjenigen, die entlassen werden, am Schwarzen Brett auftaucht. Wird ihr Name darunter sein? Wird sie dadurch weniger Rente bekommen? Wie sie's auch dreht und wendet, sie bereut es nicht. Jemand musste die Wahrheit sagen, komme nun, was wolle. Beim Warten auf den Aufzug denkt sie an die Vögel, die im Dunkeln zwitschern, wenn sie aufgeregt sind. Wer weiß, denkt Selima, vielleicht wittern diese kleinen Wesen Veränderung.

HÜTE AUS DUBROVNIK

Die Sprache ist ein metaphysisches Organ des Menschen.

Bruno Schulz, *Das Mythisieren der Wirklichkeit*

Heute Morgen erhielt ich die Nachricht, dass unser Nachbar Dževad gestorben ist. Er war ein Freund meines Vaters. Mitte der Achtziger hatte er angefangen, Hüte aus Köper herzustellen. Sobald es wärmer wurde, setzte er sich alljährlich in seinen Golf und fuhr nach Dubrovnik. Dort hatte er einen Stand in der Altstadt, in Pile. Die Menschen aus Dubrovnik nannten ihn *hadžija* – nicht, weil er bereits den Haddsch hinter sich hatte, sondern weil sie ihn als wichtigen Mann wahrnahmen. Wir aus der Straße nannten ihn *šeširdžija*, Hutmacher. Seine ganze Familie war an der heimischen Produktion beteiligt. Er selbst wählte die Stoffe und kaufte sie ein, die Töchter und Söhne zeichneten die Meterware mithilfe von Plastikschablonen an und schnitten sie mit einer schweren Schere zu. Ihre Finger waren stets mit Schwielen, ihre Teppiche mit Fäden übersät. Daraus ließe sich ein großer Stoffhund machen, witzelten wir. Die Letzte in der Produktionskette war seine Frau Fikreta. Wenn sie alle Hausarbeiten erledigt hatte, setzte sie sich an die Nähmaschine und arbeitete die ganze Nacht durch. Pro Saison wurden Tausende Hüte verkauft.

Seine Tochter Senada und ich waren im gleichen Alter. 1989 beendeten wir beide das Gymnasium. Sie schrieb sich für Pädagogik, ich mich für Elektrotechnik ein. Vor uns lag ein langer Sommer. Dževad konnte Hilfe am Stand und wir ein Taschengeld gebrauchen. Mitte Juli fuhren wir nach Dubrovnik. Pina, die Gastgeberin, bei der sich Dževad einquartiert hatte, war eine gute, vereinsamte Frau. Ihr Mann war früh gestorben, die Tochter wohnte seit Langem in Zagreb. Sie liebte Kalbfleisch, besonders in Milch eingelegt. Sie erzählte gern von ihren Enkelinnen. Zog ein Foto von ihnen aus dem Busen und streichelte es mit dem Daumen. Wenn wir geheime Abendausflüge unternahmen, war sie unsere Verbündete. Sobald Dževad eingeschlafen war, schlichen wir uns aus dem Haus und spazierten in die Stadt, in den frühen Morgenstunden klopften wir dann an ihr Fenster, damit sie uns aufschloss. Das ganze Haus duftete nach Lavendel. Dort lernten wir auch den alten Barba Ivo kennen, der uns mehrmals nach Lokrum mitnahm. Gegen Mittag setzte er uns ab und ging dann weiter seinen Geschäften nach. Wir liebten dieses grüne stille Fleckchen. Hier sahen wir den Möwen beim Jagen zu, spazierten die Pfade entlang, schwammen und tauchten, bis gegen vier sein Boot in der Ferne auftauchte.

Dževad hatte versprochen, uns auch im nächsten Jahr mitzunehmen. Denn er war zufrieden mit unserer Arbeit, vor allem, weil wir uns mit solcher Leichtigkeit mit den ausländischen Touristen unterhielten. Er bat uns, ein paar englische Sätze in sein Notizheft zu schreiben. Wir lachten über seine harte Aussprache: *It kost ten doitsch mark; if ju bai tu ai wil gif ju bot for fiftin, ju ken wosch and airon it; it wil last forewer.* Doch nichts ist für immer. Im nächsten Jahr fuhren wir nicht hin, auch nicht im übernächsten. Dževad war verzweifelt. Verfolgte ständig die Nachrichten von der Bombardierung Dubrovniks. Weil er starke Kopfschmerzen hatte, lief er nur noch mit einem

Tuch um die Stirn herum. „Er schläft schlecht und isst wenig", erzählte mir Senada. „Wenn er versehentlich auf einen herumliegenden Faden stößt, fängt er an zu weinen wie ein kleines Kind."

Sechs Jahre später führte mich eine Geschäftsreise nach Dubrovnik. Ich wusste, dass Pina gestorben war und ihre Tochter das Haus verkauft hatte. Ziellos lief ich durch die alten Gassen und dachte daran, wie viel sich doch verändert hatte, um uns herum und in uns drin. Im Hafen funkelten Dutzende Boote und ich fragte mich, ob Barba Ivos wohl darunter war. Als wir das letzte Mal von der Insel zurückgefahren waren, hatte er uns eine ungewöhnliche Geschichte von einem einheimischen Mädchen erzählt. Wie jeden Tag im Sommer ging sie mit ihrer Clique schwimmen. Alle sprangen ins Meer. Als sie schon ziemlich weit hinausgeschwommen waren, bemerkte jemand, dass sie fehlte. Sie drehten sich um und riefen nach ihr. Keine Antwort. Also schwammen sie zurück, so schnell sie konnten. Sie war mit allen zusammen ins Wasser gesprungen, aber nicht wieder aufgetaucht. Gesunken wie ein Stein. Schließlich fanden sie sie, es sah aus, als würde sie knien. Der Blick starr, nur ihre Haare bewegten sich leicht. Als sie sie herauszogen, war kein Lebenszeichen zu erkennen, aber sie blieben hartnäckig. Und dann geschah ein Wunder. Nach einer halben Stunde kam sie wieder zu sich. Alles kehrte zur Normalität zurück, bis auf eine Sache: Sie sprach nie wieder ein Wort. Die Eltern scheuten keine Mühe und schleppten sie überall hin. Aber eine Erklärung bekamen sie nicht. Übrig blieb nur die Geschichte eines Mädchens, dessen Stimme das Meer verschluckt hat.

Die Bora wehte und der Geruch nach Salz drang in meine Nase. Wir sind alle wie dieses Mädchen geworden, dachte ich, während die Wellen gegen die Felsen schrubbten und die Taue knarrten; alle bis auf Dževad. Der hat seine Hutgeschäfte bis zum Schluss geplant. In seiner Garage stapelten sich die übriggebliebenen Kartons voller Hüte. Jahr für Jahr, sobald der Schnee zu schmelzen begann, brachte er sie ins Haus und bat Senada, alle zu waschen und zu bügeln. Nichts konnte seine Hoffnung zerstören, nicht einmal die Tatsache, dass Kroatien und Bosnien jetzt zwei Staaten waren, und er niemals eine Standgenehmigung bekommen würde.

Inzwischen war mein Vater gestorben, Fikreta ebenfalls. Wir waren völlig im Alltagsleben versunken. Doch als sich mir die Gelegenheit bot, noch einmal hinzufahren, klingelte plötzlich Dževad an meiner Tür. In Badelatschen stand er vor mir, die rechte Faust geballt. Ich war von seinem Alter erschüttert. Wir hatten uns zu lange nicht gesehen, deshalb traf es mich beinahe unvorbereitet.

„Ich möchte, dass du mir einen mitbringst, ich will sehen, was die da jetzt verkaufen", sagte er mit zittriger Stimme und öffnete seine Faust, in der zehn Mark lagen.

Ich versuchte, das Geld abzulehnen, doch er ließ nicht locker. Mehrmals wiederholte er, falls nötig, könne er mir nach meiner Rückkehr noch mehr geben. Ich hatte einen Kloß im Hals. Natürlich sagte ich ihm nicht, dass man heutzutage für zehn Mark nicht mal einen Kaffee auf dem Stradun zu trinken bekam.

Ich gab Senada Bescheid, dass ich komme. Während ich die ruhige Straße entlanglief, dachte ich über den möglichen weiteren Lauf der Dinge nach: Nach vierzig Tagen wird jemand die Todesanzeige vom Tor entfernen. Die Kartons voller Hüte werden noch einige Zeit in der Garage herumstehen, bis der Platz für etwas Neues gebraucht wird. Schweren Herzens muss sie schließlich jemand wegwerfen. In ein paar Jahren wird kein Mensch mehr glauben, dass die Hüte aus Dubrovnik in einem Altstadtviertel in Sarajevo hergestellt wurden. Verblassen wird auch jener Tag, an dem ich ihm den versprochenen Hut vorbeigebracht habe. Sein trauriger Gesichtsausdruck; er konnte einfach nicht glauben, dass sich derart schlechte Qualität gut verkauft. Ich versuchte, ihm zu erklären, dass die Welt heute anders funktioniert, doch das wollte er nicht verstehen. Nachdem er eine Weile geschwiegen hatte, sagte er plötzlich: „Die Welt ist furchtbar billig geworden."

Das möchte ich mir merken.

LIPPEN

Vor Aufregung konnte ich nicht still sitzen. Ich schloss die Wohnungstür und rannte die Treppe hinab. Hinter mir lag die aufgerissene Kinderlippe, vor mir der Herbst in seiner schönsten Ausgabe. Ich hatte mehr Zeit als genug, um zum vereinbarten Treffpunkt zu kommen. Meine Schritte raschelten leise durchs Laub. So fröhlich hatte ich mich lange nicht gefühlt. Endlich sollte auch mir mal etwas Schönes passieren. Völlig überraschend, ich hatte mich schon damit abgefunden, dass mein Leben für immer im Stillstand verharren würde. Oft lag ich unter der Decke, knabberte Kürbiskerne und zappte mich durch die Fernsehkanäle. Vor lauter Müdigkeit konnte nichts meine Aufmerksamkeit halten. Ich konnte aber auch nicht einschlafen. Sobald ich meine Augen schloss, fand ich mich in einem Wirrwarr aus Präsentationsfolien und E-Mails wieder. Da vibrierte das Handy. Mir war zum Heulen zumute. Ich war überzeugt, um diese Uhrzeit könnte sich nur mein Chef melden, wegen irgendeiner unaufschiebbaren Aufgabe. Schon so viele Nächte hatte ich wegen der Arbeit durchgemacht. Doch diesmal war es nicht mein Chef, es war eine Freundschaftsanfrage auf Facebook. Ein süßer Schmerz durchfuhr meinen Magen, als ich sah, von wem.

Zum ersten Mal hatte ich ihn gespürt, als ich zehn war. Sandra hatte mich zu sich eingeladen, weil ihre Eltern arbeiten waren. Wir aßen Eis und unterhielten uns über eine Schulkameradin, die einen Freund gefunden hatte. Ich wusste zwar, dass das eine wichtige Sache war, aber ich hatte keine Ahnung, was da genau passiert, wenn zwei zusammenkommen. „Sie küssen sich auf den Mund“, sagte Sandra. Da packte es mich plötzlich. Ich legte meine Hände auf ihre Wangen und küsste sie. Ihre Lippen waren weich und süß. Daher also der süße Schmerz in meinem Körper, dachte ich. Sandra lachte schüchtern und fuhr fort, ihr Eis zu schlecken. Warum sie es ihren Eltern gesagt hat, weiß ich nicht. Ich habe meinen nichts davon erzählt. Am selben Abend, im Garten wurde gerade Melone gegessen und ich drehte mit dem Fahrrad Runden um den Holztisch, tauchte Sandras Mama am Tor auf. Sie redete leise, aber ich wusste, dass es wegen des Kusses war. Später setzten mich meine Eltern vor sich und erklärten mir lang und breit, das gehe so nicht. Nur Verliebte küssen sich auf den Mund, und verlieben könne sich nur ein Junge in ein Mädchen oder ein Mädchen in einen Jungen. Ich grübelte die ganze Nacht, es ergab einfach keinen Sinn für mich. Und wenn es unbedingt so sein musste, dann konnte ich ja wohl ein Junge sein. Ich war die Beste im Ballspielen, keiner fuhr besser Fahrrad, beim Murmelspiel zog ich alle ab. Am nächsten Tag riss ich einen Bogen aus dem Zeichenblock und schnitt ihn in zehn gleiche Rechtecke. In großen Druckbuchstaben schrieb ich auf jeden Zettel einen männlichen Vornamen und meinen Nachnamen dahinter. Ich glaubte, damit wäre die Sache erledigt.

Sie kam auf die Minute pünktlich. Wir umarmten uns herzlich. Ihre langen Haare dufteten nach Kirschblüten. 18 Jahre hatten wir uns nicht gesehen, eine komplette Volljährigkeit lang. In jenem Sommer hatte ihr Vater eine Stelle im Ausland gefunden. Noch vor Schuljahresbeginn waren sie ausgewandert. Dass sie zurückgekehrt waren, nachdem sein Vierjahresvertrag ausgelaufen war, hatte ich nie erfahren. Sie lebten in einem anderen Viertel. Wir hatten viele Jahre nah beieinander verbracht, ohne dass ich es ahnte. Ich zerbrach mir den Kopf, warum sie sich gerade jetzt meldete, aber sie wollte, dass ich von mir erzähle: wo ich jetzt wohne, was ich mache. Ich erzählte ihr alles über meinen Job und die Magisterarbeit, die ich fast fertig hatte. Ich sagte ihr nicht, dass sich in meinem Kopf neben den ganzen Arbeitsaufgaben jede Menge Erinnerungen versteckten. Ab und zu stahl ich mich dort hinein und träumte von einem anderen Leben. Was wäre, wenn in dieser oder jener Situation dieses oder jenes passiert wäre. Zum Beispiel, wenn sie in meinem Leben geblieben wäre und wir das Leben und die Liebe zusammen entdeckt hätten. Ich sah uns vor mir im selben Raum, im selben Bett. Arbeit und Müdigkeit bekämen einen Sinn, denn hinter der Tür würde mich ihr lächelndes Gesicht erwarten, auf das ich meine Hände legen könnte. Ihre Lippen, die ich lange knabbern und küssen würde.

Damals hatte sie am Ende der Straße auf mich gewartet. Sie war wütend, weil ich mich seit zwei Tagen nicht gemeldet hatte und sie mir etwas Wichtiges sagen musste. Jetzt oder nie, dachte ich und zog voll Freude einen der Zettel aus meinem Geldbeutel. „Das ist auch wichtig“, sagte ich. Sie verstand nicht gleich. „Was ist das?“, fragte sie. „Das bin ich“, platzte ich lächelnd heraus. Es war nur ein Moment, ein kurzer Moment gemeinsamen reinen Glücks. Schon im nächsten Augenblick war ihr Blick voller Traurigkeit. Sie gab mir einen sanften Kuss auf die Wange und sagte, ihre Eltern hätten beschlossen wegzuziehen. Diese Worte verschlangen alle Süße. Seitdem ist Schmerz nur noch Schmerz.

Vielleicht erahnte sie meine Gedanken und spürte, dass sie mich unterbrechen musste. Sie öffnete ein Foto auf ihrem Handy, auf dem ein Junge und ein Mädchen zu sehen waren.

„Meine Kinder“, sagte sie und zeigte mir das Bild. Danach erfuhr ich den Grund für ihre Einladung zum Kaffee. Sie erzählte mir, dass das Haus, an das ich mich erinnerte, in dem sie früher mit ihren Eltern gelebt hatte, ein Teil des Familienerbes sei. Als sie wegzogen, lebte ihre Tante darin. Nach dem Tod der Tante hatte Sandra ein Gerichtsverfahren eingeleitet, um das Eigentum zurückzubekommen. Dafür brauchte sie Zeug*innen.

Es begann zu regnen und der Tag änderte seine Farbe. Ich nahm einen Umweg nach Hause. Nasse Blätter klebten an meinen Sohlen. Unter ihren Regenschirmen sahen die Menschen wie Pilze aus. Ich fragte mich, ob das Leben alle so enttäuschte, oder ob das nur bei mir der Fall war. Langsam stieg ich die Treppe hinauf. Öffnete die Wohnungstür und machte Licht an. Mich begrüßte ein in den Spiegel gestecktes Foto, aufgenommen kurz nach Sandras Abreise. Darauf bin ich zu sehen, mit aufgerissener Lippe. Aufgerissen hatte sie mir ein Nachbarsjunge, nachdem ich ihn beim Fußball im 1 gegen 1 besiegt hatte. In den Tagen davor war ich richtig traurig gewesen und hatte viel geweint. Ich brauchte etwas Lustiges, einen Sieg. Vielleicht habe ich zu sehr triumphiert. Ich wedelte mit einem der Zettel vor seinem Gesicht herum. Das ertrug er nicht. Er riss mir den Zettel aus der Hand und zerfetzte ihn. Dabei schrie er, ich sei kein Mann, sondern ein blödes, kleines Mädchen. Die übrigen Jungs kamen herbeigerannt. Sie feuerten ihn an und schrien im Chor: „Mädchen, Mädchen!“ Es war ihre Rache für alle Niederlagen, die ich ihnen zugefügt hatte. Mich überkam eine ungeheure Wut. Ich schubste den besiegten Jungen und hob meine Faust, doch seine war schneller. Er traf mich mitten ins Gesicht. Dickes, warmes Blut rann über mein Kinn. Alle liefen hastig weg. Geblieben ist nur die Narbe, die ich immer noch fühle, wenn ich mir den Lippenstift abkratze.

KLEINE TODE

Ich stehe hinter dem Gebäude und halte einen kleinen toten Vogel in der Hand. Weil ich tue, was ich tue, finden sie, ich sei nicht normal, nicht imstande, das Wichtige vom Unwichtigen zu trennen. Das kann ich ihnen nicht verübeln. Als ich vor drei Jahren anfing, hier zu arbeiten, kam mir alles wunderbar vor: junges Team, solides Gehalt, neues Bürogebäude. Und ja, diese Fassade aus laminiertem Glas: Du bist drinnen und dennoch wie verschmolzen mit der Außenwelt.

Aber dann, zwei Wochen später, prallte etwas heftig gegen die Scheibe und zerbrach die Stille. Ich erstarrte vor Angst. Ich erstarrte nicht nur, ich schrie auf. Mein Kreischen amüsierte die Kolleg*innen. „Das ist nur ein Vogel", sagten sie. „Am Anfang bisschen gruselig, aber du gewöhnst dich dran." Auf der Scheibe blieb eine Schliere zurück. Ich klappte meinen Laptop zu und ging an die frische Luft. Im Hof, hinter dem Gebäude, kauerte der Mann vom Wachdienst. Zu seinen Füßen lag ein Vogel von der Größe einer Walnuss. „Rotkehlchen", sagte er, als ich nähertrat. „Tot?", fragte ich. „Als ob jemals einer überlebt hätte", sagte er und lachte auf. Ein paar feine Knochen staksten hervor. Kleine Blutstropfen an den Federn und auf dem Beton. Wie viel Blut hat so ein kleiner Vogel überhaupt? „Du bist die Neue", sagte er. Ich nickte entschlossen. In einer anderen Situation hätte ich die Gelegenheit genutzt, um darauf hinzuweisen, dass sie von 15 Bewerber*innen gerade mich ausgewählt hatten. Doch vor uns lag das Vögelchen, ohne Blick in den Augen. Der Wachmann erklärte mir, das passiere hier oft, besonders bei heiterem Wetter. Sie (die Spatzen, Stare, Amseln, Rotkehlchen, Schwalben) fliegen und denken, es ginge weiter, geht es aber nicht. Rammen mit voller Wucht an die verdunkelte Fassade. „Okay. Was nun?“, wollte ich wissen. „Mit nach Hause werd ich es nicht nehmen“, pflaumte mich der Wachmann an und schnaubte. Auf der anderen Straßenseite befand sich ein übervoller Müllcontainer. Mit Gartenhandschuhen nahm er den Vogel und marschierte in Richtung Tor. „Sollten wir ihn nicht doch begraben?“, ich lief ihm eilig hinterher. Er stoppte. Blickte einen Moment zum Container und drehte sich dann zu mir. Aus seinem Gesichtsausdruck ließ sich schließen, dass es ihm reichte. „Wenn du das unbedingt willst“, sagte er und streckte mir müde die Hand hin. Er reichte mir einen kleinen Spaten und ging andere Aufgaben erledigen.

Ich vergrabe ihn an der gleichen Stelle wie die anderen, unter den Kiefern hinten im Hof. Ich habe damit nicht aufgehört, nicht mal, als ich eine Abmahnung bekam und die Ansage, das sei gar nicht klug. Ich würde noch andere Tiere damit anlocken, die uns vielleicht Probleme machen. An manchen Tagen versuche ich, wie die anderen zu sein. Mich nur auf die Arbeit zu konzentrieren. Doch irgendwann kommt immer dieses Geräusch und bringt alles zum Erzittern. Es fährt in mich hinein: legt sich unter meine Haut, vergräbt sich in mein Fleisch. Es frisst mich von innen auf, wenn ich ihm nicht nachgebe. Heute weiß ich, dass uns das Leben nicht viel zur Auswahl bereithält. Ich habe meine Wahl getroffen, als ich den Wächter davon abhielt, den Vogel auf den überquellenden Restmüll zu werfen. Die Erde füllt sich mit kleinen Toden. Und wenn ich irgendeinen Erfolg im Leben verbuchen kann, dann den, mich nie daran gewöhnt zu haben.

AN DAS WARTENDE MÄDCHEN AM GLEIS

Ich schultere meinen Rucksack und gehe in Richtung Bahnhof. Die breite Straße führt an der alten Druckerei vorbei. Sie ist schon lange baufällig; auch die, die sich noch an sie erinnern, können sich immer schwerer vorstellen, wie schön sie einst ausgesehen hat. Es ist früh am Morgen, du schläfst bestimmt noch. Unter einem kaputten Fenster hängt Wäsche an der Leine. Ein kurzer Rock ist mir ins Auge gesprungen, wer weiß, vielleicht gehört er genau dir. Ich muss weg aus diesem Ort, an den ich immer seltener zurückkomme. Du und ich, wir kennen uns nicht, und werden uns nie kennenlernen, aber ich möchte dir ein paar Dinge sagen.

Gestern habe ich dich auf dem Markt gesehen. Neben dir stand ein relativ kleiner Mann. Vielleicht dein Vater? Dein älterer Bruder? Euer Stand war ein umgedrehter Karton, darauf ein paar aufgereihte Fischkonserven. Du trugst kleine schwarze Zöpfe und ein einfaches weißes T-Shirt. Deine Beine standen still, aber deine Finger tänzelten in den Taschen deiner Bermudashorts. Die Leute gingen an euch vorbei, als wärt ihr Luft. Ich blieb stehen, und für einen kurzen Moment trafen sich unsere Blicke. Daran wirst du dich sicher nicht erinnern. Für dich war ich nur eine von ganz vielen, denen es nicht passt, dass ihr ausgerechnet hierher gekommen seid, von woher auch immer. Eine von denen, die sich frei bewegen und reisen können, wohin auch immer sie wollen. Weißt du, das stimmt alles, und stimmt auch wieder nicht. Richtig ist, dass ich gestern mit dem Zug hier angekommen bin; in diesem Grenzstädtchen, das in einem gewissen zerfallenen Staat einst ein wichtiger Eisenbahnknotenpunkt war. Die Fahrt war lang und langweilig, vor allem der letzte Abschnitt, wo der Zug wegen veralteter Schienen nicht schneller als 30 fahren konnte. Im Abteil war es zu heiß und stickig, am Fenster, das sich nicht öffnen ließ, zogen braune Sonnenblumenfelder vorbei. Verschwitzt und klebrig stand ich schließlich am verlassenen, leeren Bahnhof. Auf dem Vorplatz stand ein einzelner Transporter vom Roten Kreuz, die offene Ladefläche voller Kartons mit Hilfsgütern. Noch ein, zwei Grad mehr und ich hätte mir im Delirium wahrscheinlich eingebildet, dass mich der Zug in meiner eigenen Vergangenheit abgesetzt hat. Denn ich war früher Flüchtling hier, so wie du jetzt. Als dieser Krieg stattfand, warst du noch nicht mal geboren. Wie viel gleich geblieben ist in all den Jahren, konnte ich an dem Karton sehen, hinter dem du schüchtern standest. Ich wünschte, ich könnte dir sagen: „Kümmere dich nicht um die abschätzigen und vorwurfsvollen Blicke, weil ihr verkauft, was ihr gerade bekommen habt – mir ist vollkommen klar, dass kein normaler Mensch so viel Dosenfisch in sich hineinstopfen kann." Ich weiß nicht, ob es dir auch so geht, aber als ich in deinem Alter war, habe ich mir vorgestellt, wie irgendwelche uralten Fischer Tag und Nacht ihre Netze im Meer auswerfen, um alle Menschen auf der Welt in zukünftigen Kriegen und Katastrophen mit Nahrung zu versorgen. Ich verließ den Markt und setzte meinen Weg fort, doch wo auch immer ich vorbeischaute, wen auch immer ich traf – alle redeten über euch. So erfuhr ich, dass ihr in die alte Druckerei eingezogen seid. Dass ihr einen Damm errichtet und ein Schwimmbecken gebaut habt. Und dass ihr nachts Lagerfeuer macht, einige erwähnten auch, ihr würdet bis morgens singen und tanzen. Was sie noch alles über euch geredet haben, möchte ich dir lieber nicht sagen.

Gestern war ein anstrengender Tag. Es war schon spät, als ich endlich allein war. Ich streckte mich im dunklen Zimmer auf dem Bett aus und bereute, nicht wenigstens einen Tag länger eingeplant zu haben. Ich denke nie an die Erschöpfung. Dieses ständige In-Bewegung-Sein: nur weiter, immer weiter. Seit ich damals an der leeren Bahnstrecke gewartet habe, derselben, auf die du nun jeden Tag blickst, fürchte ich mich vor dem Stehenbleiben. Damals hielt ich eine Trillerpfeife aus Plastik im Mund und blies kräftig hinein. Ich pfiff den Zug herbei, um mich in ein schöneres, gerechteres Morgen zu fahren. Doch da war nichts als diese alten Schienen: zwei unendliche Linien, die Rost an den Händen hinterlassen.

Der Zug, mit dem ich weiterfahre, kommt in einer halben Stunde. Ich warte auf der Bank, neben mir hat sich eine getigerte Katze zusammengerollt und schlummert. Nur ihre Schwanzspitze bewegt sich leicht. Ich kraule sie ein bisschen am Kopf. Womöglich erholt sich die Welt nur noch im Schlaf dieser Katze kurz von ihrer Rastlosigkeit. Hinter den Schienen ist eine Wiese, vielleicht setze ich mich eines Tages auf eine ähnliche Wiese und verschmerze das Leid der Welt ein für alle Mal. Und du? Keine Ahnung, wann und wohin, aber bestimmt wirst du fortgehen. Du wirst auf Leute stoßen, die uns Menschen in Wir und Ihr teilen. So machen sie es auf beiden Seiten der Grenze. Doch das wird für dich nicht mehr wichtig sein, denn du wirst in dem Bewusstsein durch die Welt gehen, dass du zu niemandem gehörst.

DENK DIR DIE STADT

Der trübe Tag dringt ins halbdunkle Zimmer. Tanja schläft. Ich tunke die Mullbinde ins Wasser und befeuchte ihre Lippen. In dem großen Doppelbett wirkt ihr geschundener Körper noch kleiner. Über die Scheidung hatte sie nie gesprochen, und ich kam mir blöd vor, sie darüber auszufragen. Erst heute hat mir ihre Tochter Anica erzählt, was damals passiert ist. Tanja und Siniša hatten zusammen ihren nachmittäglichen Kaffee getrunken und Radio gehört. Da stand er plötzlich auf und sagte: „Das ist kein Leben für mich." Packte seinen Koffer und ging. Tanja saß lange da, und als sie sich endlich entschloss, aufzustehen, liefen im Radio die Abendnachrichten. Sie zog mit der rechten Hand ihren Rock glatt, nahm einen Schraubenzieher und entfernte sein Namensschild von der Eingangstür. Drei Jahre später bekam sie Krebs.

Ich bin heute angekommen. Ich bin gekommen, um mich zu verabschieden. Die Reise war lang und beschwerlich. Offenbar fehlten dem Busunternehmen, das auf der Strecke Sarajevo – Belgrad von Haustür zu Haustür fährt, die nötigen Genehmigungen. Erst am dritten Grenzübergang ließen sie uns durch. Weil ich Cannabis-Öl in meiner Tasche hatte, war ich besonders nervös. Ich wusste, dass Tanja schreckliche Schmerzen hatte, und mir war nach Mamas Tod noch ein halbes Fläschchen übrig geblieben. Zum Glück kam bei dem ganzen Drama mit dem Busunternehmen niemand auf die Idee, eine 50-Jährige könnte so etwas über die Grenze schmuggeln. Anica umarmte mich und bedankte sich so überschwänglich, dass ich in Tränen ausbrach, weil ich nicht früher gekommen war. Ich konnte sie kaum dazu überreden, mit ihren Freundinnen auszugehen. Erst als ich versprach, mich jede Stunde bei ihr zu melden, willigte sie schließlich ein.

Ich lege mein Handy auf den Nachtschrank, streife den Rock ab und lege mich auf die freie Seite des Bettes. Sie atmet flach und unter Schmerzen. Ich habe schon alles Mögliche in meinem Leben durchgemacht, aber dem Tod war ich, glaube ich, noch nie so nah. Panik steigt in mir hoch bei dem Gedanken, ihr Herz könnte jeden Augenblick stehen bleiben. Unterm Strich sind wir schließlich beste Freundinnen. Kennengelernt hatten wir uns zu Beginn der Mittelschule. Wir waren beide zur ersten Stunde zu spät gekommen. Bis zum Ende des vierten Schuljahres waren wir unzertrennlich. Dann tat sie etwas, weswegen wir vier Jahre nicht miteinander redeten. Sie bändelte mit dem Jungen an, für den ich im Stillen schwärmte. Natürlich hatte ich nach dem Korb von ihm lauthals verkündet, dass er mich nicht mehr interessiere, selbst wenn er der Einzige weit und breit wäre, und trotzdem hätte sie es wissen müssen. Anfangs war es schwer für mich, wie jeder Abschied, doch dann trennten sich unsere Wege sowieso. Ich schrieb mich für Zahnmedizin ein, und sie, wie ich hörte, für Anglistik. Im Krieg habe ich – es ist mir peinlich, das zuzugeben – bis zum Winter Dreiundneunzig überhaupt nicht an sie gedacht. Doch in diesem schrecklichen und viel zu kalten Winter wurde mein Vater plötzlich krank. Tagelang musste er sich übergeben und hatte Durchfall. Keinen einzigen Tropfen Wasser behielt er drin. Mama war überzeugt, ein *Jerišće pilav* aus frischen Bandnudeln und Eiern werde ihn retten. Sie wusste, wie sehr er das Gericht liebte, und er selbst pflegte zu sagen: „Eh

Leute, wenn ich das nicht mehr essen kann, könnt ihr sicher sein, dass ich sterbe." Ein wenig Mehl hatten wir zu Hause, jedoch keine Eier. Wir klapperten alles ab. Mama bot auf dem Markt ihren Ehering zum Tausch gegen zwei Eier an, aber keiner hatte welche. Eines Abends, als wir bei rußigem Kerzenschein an Vaters Bett hockten, klopfte es. Ich ging an die Tür. In einen dicken Wollschal gehüllt tauchte aus der Dunkelheit Tanja auf. Streckte mir auf einem Blechteller drei frische Eier entgegen. Wir hatten einander so viel zu erzählen, dass ich darüber zu fragen vergaß, wie sie von Papas Krankheit erfahren hatte. Jedenfalls aß er den *Jerišće pilav* und sie kehrte in mein Leben zurück.

Während ich ihren Atemzügen lausche, fällt mir ein Dokumentarfilm ein, in dem es um die Träume von Menschen geht, die um ihren baldigen Tod wissen. Keiner von ihnen stellt sich den Tod als Ende vor. Sie träumen von Parallelwelten und verwandeln sich in fantastische Wesen und Erscheinungen. Manchmal werden sie zu reinen Emotionen. Tanja und ich hatten wenig Übung darin, von anderen Welten zu träumen, uns war beigebracht worden, dass wir diese Welt zu einem besseren Ort machen müssen. Oh, wenn ich mich nur an den Enthusiasmus zurückerinnere, der uns bei Kriegsende erfüllte. Wir waren so lebenshungrig. Dachten, dass Glück und Wohlstand gleich hinter der nächsten Ecke auf uns warteten. Und was haben wir bekommen? Was haben wir alle bekommen? Die Leute sind weiter ausgewandert. Einmal zählten wir nach: 15 unserer 20 Freundinnen und Freunde lebten im Ausland. Dann lernte auch sie eines Tages in einem Seminar Siniša kennen, verliebte sich und zog mit ihm nach Belgrad.

Vor Müdigkeit pulsieren alle meine Muskeln. Ich greife nach dem Handy und tippe eine Nachricht an Anica. Dann schließe ich eine kurze Weile die Augen, als Tanja plötzlich sagt:

„Ich würd gern nach Sarajevo."

Mein Kopf macht einen Hüpfer auf dem Kissen. Eilig richte ich mich auf.

„Hey, meine Liebe", sage ich und streichele ihre Hand.

„Nach Sarajevo, Cica."

Sie hatte mich erkannt! Ihre blauen Augen sagten mir: Wir haben nicht mehr viel Zeit. Nun hatten wir tatsächlich keine Zeit mehr, nicht wie früher, als wir unser Wiedersehen hartnäckig aufschoben, in dem Wunsch, der anderen unsere Enttäuschungen und das eigene Versagen zu verheimlichen. Mir pochte das Herz. Ich atmete tief ein und befahl mir selbst, jetzt oder nie: Komm schon, beeil dich, denk dir die Stadt! Alle Kraft der Schönheit sammelte ich in meinem Mund, und die Worte trugen uns fort in einen angenehmen Tag. Nicht zu kalt, nicht zu heiß, sondern gerade richtig. Wir fanden uns auf einer Straße voller Menschen wieder, deren Bewegungen besagten, dass sie die Zeit genossen und es nicht eilig hatten. Keiner war allein. Manche unterhielten sich im Gehen, andere fassten sich an den Händen, wieder andere waren mit lächelnden Kindern unterwegs, die Luftballons an einer Schnur hielten. Doch das reichte mir noch nicht. Ich hakte mich bei ihr unter und führte sie weiter. „Wohin gehen wir?", fragte sie. Ich sagte, ich brächte sie zu einer Party. Alle unsere Freundinnen und Freunde seien gekommen, ich zählte die Namen einen nach dem anderen auf, und alle wollten sie sehen. Tanja blieb abrupt stehen und sah mich durchdringend an. „Cica, warum kommen die alle?“ Sie hatte es gerade ausgesprochen, da entwischte einem der Kinder ein Luftballon. Flog sofort in den Himmel und platzte. In dem Moment veränderte sich alles. Die Menschen zogen die Köpfe ein und liefen schneller. Irgendwo am Ende der Straße war ungeduldiges Hupen zu hören. Der Hunger hatte mich reingelegt, ich hatte es übertrieben. Ich versuchte, wenigstens ein wenig zu retten: „Komm, wir gehen weiter“, sagte ich. Wir schleppten uns gerade so zum nächsten Park und setzten uns. Müdigkeit überfiel uns. Ich wusste nicht, wie weiter. Und dann sah ich zufällig über die Straße. An der Kreuzung verkaufte eine junge Frau, einen Ticken jünger als Anica, Esskastanien. Sie hatte lange, lockige Haare. Sie hielt einen Schürhaken in der Hand und tanzte hinter einer Eisentrommel herum, aus der Funken stoben. „Sieh mal“, sagte ich zu Tanja und zeigte auf die junge Frau. Im Meer aus mürrischen Gesichtern erstrahlte ihres wie die Sonne. Als sie uns erblickte, winkte sie herüber und lachte. Tanja winkte zurück. „Soll ich uns ein paar holen gehen?“, schlug ich vor. Der Wind wehte den Duft gerösteter Kastanien herbei. Sie sog die Luft tief ein.

„Danke, das reicht schon“, sagte sie und schloss die Augen.

„Ja, das reicht schon“, wiederholte ich und drückte sie.

Quellen:

Alfred Döblin: Berlin Alexanderplatz. Die Geschichte von Franz Biberkopf. Frankfurt am Main: Suhrkamp 1975, S. 103.

Hilde Domin: Unterwegs (1959). In: Rückkehr der Schiffe. Gedichte. Frankfurt am Main: Fischer 1994, S. 47.

Bruno Schulz: Die Republik der Träume. Fragmente, Aufsätze, Briefe, Grafiken. München: Carl Hanser 1967, S. 111. Aus dem Polnischen von Josef Hahn und Mikołaj Dutsch.